手工芸の作り方ガイド決定版

お年寄りの作って楽しむ レクリエーション大百科

監修　小林愛子　姫野順子

講談社

作って楽しもう！
レクリエーションのススメ

作るレクリエーションには、その時間を楽しむだけでなく、さまざまな効果があります。
高齢者の日々の暮らしに取り入れてみましょう。

指先を動かす

色鉛筆などで細かくぬる、折り紙を折ったりちぎったりするなど、指先を細かく動かす場面が多く出てきます。楽しみながら指先を活発に動かすことは、機能の維持やリハビリにもなります。

脳への刺激になる

作りながら、色の組み合わせや配置を工夫することは思考力へとつながります。また、作品をきっかけに昔の出来事を思い返したり、新しいことに興味をもったりすることは脳への刺激になります。

会話のきっかけに

同じテーブルを囲んで作ることで、隣り合う人との会話が生まれるきっかけにもなります。高齢者同士、職員とも、製作中のよもやま話から作品についての感想まで、交流が広がる機会になります。

達成感を味わう

作品を他の人に見てもらったり、できあがったものを日常生活で使ったりすることで達成感を味わえます。自分が作ったものが大きな壁面飾りになるのも、このようなレクリエーションの楽しみの一つになります。

楽しみ方いろいろ

季節の移り変わりを感じる、部屋に飾って彩りにする、誰かにプレゼントするなど、多様な楽しみ方があります。介護の現場や地域の集まり、家庭でも、それぞれに合った楽しみを探してみましょう。

本書の特長 ⑩

アイデア満載！どんどん活用しよう！

① 多様なプランがたっぷり

- 壁面飾りに季節の飾り・日用品、折り紙、ぬり絵と幅広く取り上げています。
- 職員が作って施設に飾るタイプのプランも紹介。
- 合わせて105点のプランを掲載しています。
- 個人で楽しみたい、大勢で作りたいと、シーンに合わせて選べます。

② 言葉かけを紹介

- 作り方をわかりやすく伝えるための声かけを例示しています。

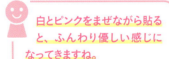

白とピンクをまぜながら貼ると、ふんわり優しい感じになってきますね。

③ 援助のポイントつき

- 作りやすくする準備の仕方や製作途中のフォローの仕方を紹介。

援助のポイント

ちぎった紙を種類ごとに容器に入れて並べておきましょう。貼る際に、紙を選びやすくなります。

④ 作りたくなるプラン

- 華やかなものから落ち着いた印象のものまで、豊富な絵柄が勢ぞろい。
- 材料や道具は、入手しやすいものを使用しています。

⑤ 手順を写真で解説

- 作り方をていねいに写真つきで解説しています。
- 手順ごとに写真があるので、作り方の流れを把握しやすいです。

6 アレンジのプランも充実

- 第1章の壁面飾りでは、「アレンジアイデア」として、壁面以外の飾り方や個人の作品への応用を紹介しています。
- 第2章の季節の飾り・日用品、第4章の折り紙では、「プラスアイデア」として生活への取り入れ方や違う楽しみ方も掲載。

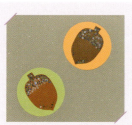

アレンジアイデア
台紙に貼ってコースターに
丸い色画用紙に貼ると、コースターとして楽しめます。黄緑やオレンジなど明るい色を合わせるのがポイント。

プラスアイデア
赤の色画用紙の上に作品をのせて飾ると、ひな祭りの雰囲気がアップします。

プラスアイデア
どこまで飛ぶか競争する
飛行機を飛ばして、だれのものが遠くまで飛ぶか競います。椅子に座ったままで行えるのも魅力です。

7 準備がしやすい

- 材料と道具の一覧表がついているので、事前確認に役立ちます。
- 写真で紹介しているので、ひと目でわかります。

準備
● 厚紙で花の型紙を作る。

8 取り組み方を紹介

- 12〜17ページの「取り組み方のアイデア」では、材料や道具、フォローの仕方をまとめています。
- 18〜20ページの「言葉かけのヒント」では、シーンに応じた高齢者への言葉かけの例を紹介。

9 便利なコピー用型紙

- 作りたい大きさにコピーして使える型紙つき。

型紙 P.217

- 型紙の使い方は、214〜215ページで紹介しています。

10 役立つコラム

- 「レクリエーションに参加しようとしない人には?」や「どうすればレクリエーションが盛り上がる?」をコラムで紹介しています。

もくじ CONTENTS

- レクリエーションのススメ …………………… 2
- 本書の特長10 ………………………………… 4
- ページの見方 ………………………………… 11

取り組み方のアイデア

- 身近な材料を活用しよう …………………… 12
- 作りやすい道具を準備しよう ……………… 14
- 個々に合わせたフォローをしよう ………… 16
- 言葉かけのヒント …………………………… 18

【コラム】こんなときどうする？ Q&A

- レクリエーションに参加しようとしない人には？ …………… 118
- どうすればレクリエーションが盛り上がる？ …………… 150

- 型紙の使い方 ………………………………… 214
- 作り方のコツ ………………………………… 216
- コピー用型紙 ………………………………… 217

第1章 みんなで壁面飾りを作ろう

春 SPRING

- 早春の流しびな …………………………… 22
- 菜の花畑 …………………………………… 26
- イチゴつみ ………………………………… 28
- 春らんまんの桜並木 ……………………… 30
- タケノコ狩り ……………………………… 34
- 色とりどりのチョウ ……………………… 36
- 雄大なこいのぼり ………………………… 38
- ハナショウブ ……………………………… 42
- 旬のソラマメ ……………………………… 44

夏 SUMMER

- 雨に映えるアジサイ ……………………… 46
- 雨降りの日の傘 …………………………… 50
- バラの庭園 ………………………………… 52
- 七夕の願い事 ……………………………… 54
- 垣根のアサガオ …………………………… 58
- 涼を届ける風鈴 …………………………… 60
- 夜空に浮かぶ花火 ………………………… 62
- 一面のヒマワリ …………………………… 66
- カラフルなヨット ………………………… 68

第2章 季節の飾り・日用品を作ろう

🍂 秋 AUTUMN

秋風に揺れるコスモス	70
お月見の夕べ	74
ブドウ狩り	76
色づく柿の実	78
実りの季節	82
ハロウィンの夜	84
舞い散る秋色の葉	86
キクの花	90
どんぐりころころ	92

❄ 冬 WINTER

きらめくクリスマスツリー	94
クリスマスリース	98
真っ赤な椿	100
新年を迎える羽子板	102
お正月の凧あげ	106
水辺のスイセン	108
窓の外の雪景色	110
バレンタインデー	114
早春を告げる梅	116

🌸 春 SPRING

おひなさまの置き飾り	120
スタンプのコースター	122
にじみ絵のこいのぼり	124

🎆 夏 SUMMER

貝がらマグネット	126
千代紙着物の織姫・彦星	128
切り紙で作る魚のうちわ	130

🍁 秋 AUTUMN

オーブン粘土の箸置き ……………… 132
紙皿で作る酉の市の熊手 …………… 134
にじみ絵のランチョンマット ……… 136

❄ 冬 WINTER

クリスマスリース …………………… 138
お正月の掛け軸飾り ………………… 140
千代紙のお正月箸袋 ………………… 142

✿ 通年 FULL YEAR

コンパクトなゴミ入れ ……………… 144
クリアファイルの写真フレーム …… 146
牛乳パックのレジ袋入れ …………… 148

第3章 施設の飾りを作ろう

🌸 春 SPRING

毛糸着物のおひなさま ……………… 152
青空に泳ぐこいのぼり ……………… 153

☀ 夏 SUMMER

アジサイとカタツムリ ……………… 154
色とりどりの七夕飾り ……………… 155

🍁 秋 AUTUMN

夜空に浮かぶ満月 …………………… 156
ハロウィンの壁飾り ………………… 157

❄ 冬 WINTER

星と雪の吊るし飾り ………………… 158
クリスマスのキラキラツリー ……… 159
新年を祝う門松 ……………………… 160
松竹梅と鶴のお正月飾り …………… 161

✿ 通年 FULL YEAR

お花が届けるおめでとう！ ………… 162

第4章 折り紙を折ろう

🌸 春 SPRING

おひなさま	**164**
タケノコ	**165**
かぶと	**166**

☀ 夏 SUMMER

星	**167**
ハス	**168**
傘	**169**

🍁 秋 AUTUMN

きのこ	**170**
柿	**171**

❄ 冬 WINTER

サンタクロース	**172**
平面鶴	**173**
富士山のメモ	**174**
椿	**175**

🌼 通年 FULL YEAR

帆かけ船	**176**
くるくるチョウ	**177**
三角キャッチ	**178**
箱	**179**
飛行機	**180**
グライダー	**181**

ユニット折り紙を楽しもう！

チューリップ	**182**
コースター	**183**
リース	**183**
ユリ	**184**

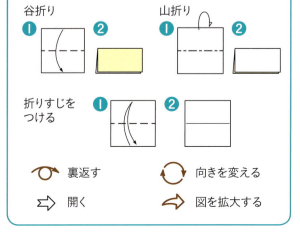

折り図記号

谷折り / 山折り / 折りすじをつける / 裏返す / 向きを変える / 開く / 図を拡大する

第5章 ぬり絵をぬろう

春 SPRING

	色見本	図案
しだれ桜	186	193
タンポポ	186	194
春の味覚	186	195

夏 SUMMER

	色見本	図案
花火	187	196
夏の味覚	187	197
衣替え	187	198

秋 AUTUMN

	色見本	図案
コスモス	188	199
落ち葉	188	200
秋の味覚	188	201

冬 WINTER

	色見本	図案
節分	189	202
竹馬	189	203
おせち料理	189	204

通年 FULL YEAR

	色見本	図案
金魚	190	205
ネコの親子	190	206
オシドリ	190	207
浦島太郎	191	208
かぐや姫	191	209
金太郎	191	210
テディベア	192	211
剣玉とこま	192	212
じょうろ	192	213

ページの見方

材料と道具の一覧をはじめ、職員が事前に準備することや
作り方の手順などを詳しく紹介しています。
製作中の言葉かけや援助の例など、
現場で役立つヒントが盛りだくさんです。

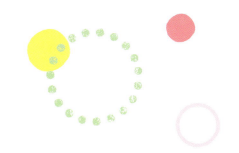

主な作り方
高齢者が取り組む作品の主な作り方をアイコンで示しています。

壁面飾りの作り方
職員が壁面飾りを作る際のポイントです。配置や作り方のコツを参考にしましょう。

準備
前もって職員がしておく作業などを紹介しています。

言葉かけ
わかりやすく作り方を伝えるための言葉の例を掲載しています。

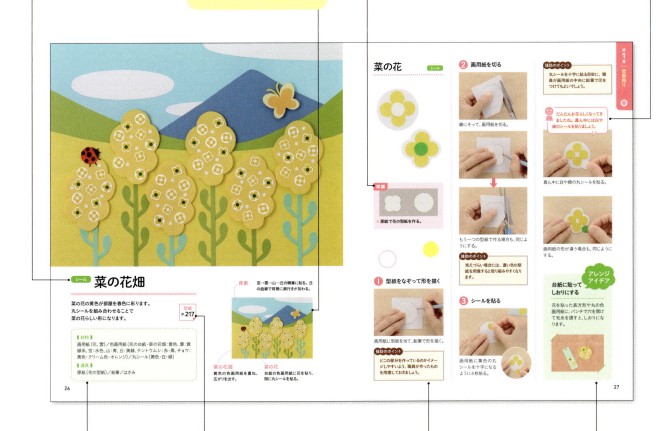

材料／道具
必要な材料や道具の一覧です。事前の準備に役立てましょう。

型紙
その作品の型紙が掲載されているページです。

援助のポイント
高齢者が取り組みやすくなるようなフォローの方法を紹介しています。

アレンジ
飾り方を変えたり、個人の作品にしたりと、さらに楽しむためのヒントです。

取り組み方のアイデア

身近な材料を活用しよう

いろいろな種類の紙をはじめ、どれも100円ショップなどで入手できるものや身の回りのものです。
ふだんから集めておくと、アレンジの幅も広がります。

折り紙

ちぎったり折ったりしやすいのが特徴です。
柄やサイズの種類が豊富で、作品に合わせたものを
用意しやすいのも魅力です。

キラキラ折り紙
星や雪、光などの表現に効果的です。

柄入り折り紙
単色にプラスすると、華やかになります。

単色
何種類かの商品をまぜると、色の違いが楽しめます。

両面折り紙
白面が色になるので、よりカラフルになります。

千代紙
着物をはじめ和風の表現にぴったりです。

お花紙

薄くて透けるため、ねじったり重ねたりして使えます。

シール

色や形、大きさが多様で、手軽に彩りを加えられます。

リサイクル素材

リサイクル素材にも、材料になるものがたくさんあります。
日ごろから集めて、種類ごとにストックしておきましょう。

牛乳パック

手軽に箱状の作品を作れます。小さく切って、のりづけのヘラにも。

はぎれ

柄の種類が豊富で組み合わせを楽しめ、作品に温かみが出ます。

新聞紙

絵の具で試しに描いたり、机が汚れないように敷いたりできます。

ペットボトルのふた

少量の絵の具を使う際、色別に入れておくと使いやすいです。

包装紙

色ごとに分けて保管すると便利。正方形に切れば折り紙の代わりにもなります。

芯材

まわりを鉛筆などでなぞって、丸を描くための型としても使用できます。

発泡トレー

材料や作りかけのものを種類別に入れておくのに便利です。

障子紙・コーヒーフィルター

吸水性があり、染め紙やにじみ絵に活用できます。
吸い方に違いがあるので、事前に確認しましょう。

マスキングテープ

さまざまな柄があり、柄の組み合わせを楽しめます。
手でちぎれて、いったん貼ったものもはがしやすいです。

作りやすい道具を準備しよう

製作に使用する道具は、使いやすく危なくないかどうかがポイントです。
作品や使う人に合わせて適したものを選ぶことで、より楽しめます。

貼る

のりやテープについて、それぞれのタイプの特徴を紹介します。
細かい部分を貼るのか、広い面積を貼るのかなど、シーンに応じて使用するものを選ぶようにしましょう。

スティックのり
紙がしわになりにくく、細かい部分をきれいに仕上げられます。

でんぷんのり
広い面積を貼るのに適しています。プラスチックスプーンや牛乳パックを切って作ったヘラなどでぬれば、指にのりをつけずに使えます。

液状のり
接着する力が強く、指につけずに使うことができます。

木工用接着剤
紙以外のものを貼る、立体物を貼るなど、のりでは接着しにくい場合に活用できます。

布用接着剤
専用のもので接着力が強いため、はぎれやフェルトなどを貼る際に用意しておくと便利です。

セロハンテープ
異素材同士をくっつけやすい道具です。テープ台は、ずれないよう安定しているものを使いましょう。

両面テープ
手軽につけられますが、はくり紙をはがすのは難しいので、職員がはがしましょう。

描く・ぬる

にじみ絵には水性ペン、アルミホイルに描くには油性ペン、細かくぬるには色鉛筆……のように用途に合った道具を用意しましょう。

水性ペン
発色がよく色の種類が豊富なので、配色を楽しめます。

絵の具
タンポやスタンプには濃く、染め紙には薄く溶きましょう。

油性ペン
紙以外のアルミホイルやプラスチックに描くのに使用します。

色鉛筆
繊細な表現に向いています。芯をとがらせすぎないようにしましょう。

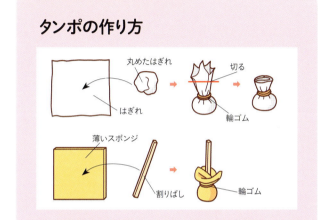

タンポの作り方

タンポは、身近な材料で用意でき、指先を細かく動かしづらい人にも取り組みやすい道具です。持ち手はつけなくても、割りばし以外に筒状にした片段ボールなどでつけても。

切る

使用する際には、十分に安全面に配慮することが基本です。

はさみ
持ち手が太めのほうが扱いやすいです。刃先の汚れをふきとり、手入れしておきましょう。

カッター
職員だけが扱うようにします。

ちぎる

ちぎった紙をつまみにくい場合は、ピンセットを用意しましょう。

容器
紙の種類ごとに、ちぎった紙を入れる容器があると便利です。

個々に合わせたフォローをしよう

取り組む方は、手作りが得意な方から手指が動かしづらい方など、さまざまです。
様子を見ながら、それぞれが楽しめる工夫を心がけましょう。

一人ひとりの状況を見極める

指先を細かく動かしづらい、色の区別がつきにくいなど、人によって作りづらい部分は違います。
まずは、どういう状況なのかを把握することが大切です。

Aさん
- 指先を細かく動かすことが難しい。
- 細かな色と色との違いがわかりづらい。

- のりは指先でつけずにヘラを用意する、大きくちぎって作るなど、大まかな作り方にする。
- 色の差がはっきりしている材料や道具を用意し、わかりやすくする。

Bさん
- 手先が器用で、指先に力が入りやすい。
- 作ることが好きで新しいことにも挑戦したい。

- 指先の細かな動きがある作りごたえのあるものに取り組んでもらう。
- 新しい作り方を取り入れたり、色の組み合わせを楽しめるよう材料を多めに用意したりする。

様子を見ながらフォローをする

取り組みづらい部分を代わりに行う場面も出てきますが、すべてを行わず、紙を押さえて折りやすくするなど、参加しやすい形を模索しましょう。

参加しづらい方には意見を出す役を

作ることが難しい人には、色の組み合わせや配置などについて意見を求めてみましょう。
アイデアを出すというのも参加の一つになります。

事前の準備で取り組みやすく

作り方を説明したり、用意するものを確認したりするためにも試作がオススメです。
それをふまえ、作る人や製作時間に合わせて、取り組みやすい材料の準備や進め方を考えましょう。

作り方
はさみで切る部分をちぎって作るなど、その方に合った作り方に変更してもよいでしょう。

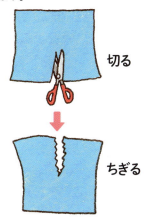

材料
台紙に形を描いておく、半分に折っておくなど、職員が代わりに途中まで作り進めたものを用意します。

見本
試作のものを見せながら伝えると、できあがりをイメージしやすく製作への意欲にもつながります。

「簡単に」ばかりを考えすぎない

大勢で作る際には、取り組みづらい方に目が向きがちです。
作ることが好きで、作りごたえのあるものがよい方にも満足してもらえる工夫をしましょう。

作り方
同じちぎり貼りでも、より細かくちぎったり貼る順番を変えたりするなど、アレンジを提案してみましょう。

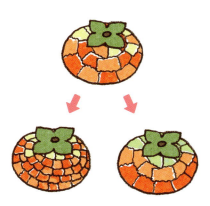

準備
人数分の台紙を用意するなど、職員といっしょに準備する役をお願いするのも一案です。

提案
次はどんなものを作ってみたいか、テーマや作り方の案を出してもらうと、より意欲が高まります。

染めるのがおもしろかったわ。次は、花を作るのはどうかしら？

言葉かけのヒント

話題に年中行事を取り入れる

なじみ深い年中行事は、取り組みやすいテーマです。行事の由来や地域差、昔と今の違いなどを話してみましょう。

七夕は、機織りなどの上達を願う中国の祭りがはじまりとされています

関東と関西では、ひな人形の飾り方が違うんですよ

花や食べ物などの話題で季節感を

花や食べ物は共通の話題になりやすく、季節の移り変わりが感じられることは生活の張り合いにもつながります。

窓から見える桜の木もピンクになってきましたね

ソラマメがおいしい季節になりましたね

導入

自分の体験を盛り込む

職員が自身の体験を話すことで、より身近に感じたり、子どもの頃の思い出話につながったりします。

この前、河原を散歩していたら菜の花がきれいに咲いていました

小さい頃、折り紙が好きで、よく紙飛行機を作っていました

製作への期待を高める

どんなふうに作っていくのかな、何色で作ろうかななど、思い描けるような言葉をかけましょう。

（見本を見せながら）今日は、染め紙でカラフルな傘を作ります

ペンの色の組み合わせで、作品の印象が変わりますよ

取り組みはじめる前の「導入」、製作中に手順を説明する「作り方」、
できあがり後についての「作品」のシーン別に、声かけのポイントをご紹介します。

作り方

一つひとつの段階を追って伝える

いくつもの工程をまとめて伝えると、
わかりづらくなります。
段階ごとに材料や道具名にふれながら伝えましょう。

NG: 半分に折ってから切り、貼ります

OK: 折り紙を半分に折ります
OK: 折り目をはさみで切りましょう
OK: 黄色の色画用紙に貼ります

具体的な表現で伝える

人によってとらえ方が異なる表現は避け、
色や形などを盛り込んで具体的な伝え方を
心がけましょう。

NG: 台紙の残りの部分に貼りましょう

OK: 白いところが見えなくなるよう、貼りましょう

様子を見てフォローをする

手が止まっている人には、
すぐに代わりに作るのではなく、
どの部分に戸惑っているのかを探りましょう。

OK: ちぎるところまで進んだので、次はちぎった紙を色画用紙に貼りましょう

OK: のりを指でつけにくいようなら、ヘラを使ってつけてみましょう

その人の進め方を否定しない

人によって作る順序が違ったり、
アレンジを加えたりする場合もあります。
手順にこだわりすぎず、尊重しましょう。

NG: 先に貼らずに、全部ちぎってから貼ってください

OK: 色の組み合わせを見ながら、作り進めるのもいいですね

工夫している点に目を向ける

漠然と作品全体にコメントするより、製作中の様子を踏まえて、その作品ならではの工夫した点に注目しましょう。

NG：とってもすてきですね

OK：折り紙と包装紙のまぜ方が工夫されていて、すてきな色合いですね

他の作品と比べたり優劣をつけたりしない

その方だけに何気なく言っているつもりでも、他の方が聞いていて気分を害するような発言には気をつけましょう。

NG：手際がよくて、いちばんきれいにできていますね

OK：色の組み合わせにこだわりがあって、華やかな印象ですね

作品

達成感を味わえるように

作品の出来栄えにこだわりすぎず、どんなふうに楽しんだかを感じられるような言葉をかけましょう。

OK：ペンがにじんでいく様子がおもしろかったですね

OK：同じ机の方たちと、ひな祭りの思い出話で盛り上がりましたね

次の製作へとつなげる

今度はどんなものを作るのかな？と期待をもってもらえると、職員のモチベーションにもつながります。

OK：今日の作品をホールの壁に飾りますので、楽しみにしていてくださいね

OK：来月は、ちぎり貼りでアジサイを作ってみましょう

第1章

みんなで壁面飾りを作ろう

桜に花火、コスモスや羽子板……と季節を感じる作品の豊富なアイデアをご紹介します。
壁面飾り作りを通して、高齢者同士また職員とのコミュニケーションを広げましょう。

SPRING 春

マスキングテープ　三つ編み　タンポ

早春の流しびな

マスキングテープの着物姿で
かわいく並んだおひなさまに、
三つ編みを組み合わせます。

型紙 P.217

【材料】
色画用紙（おひなさまの台紙：ピンク・黄緑、えぼし：黒、冠：黄色、しゃく：茶色、扇：オレンジ、雲：水色）／画用紙（おひなさま、雲）／マスキングテープ（おひなさま：いろいろな柄）／綿ロープ（いろいろな色）／折り紙（花びら：ピンク）／スズランテープ（川：白・青）

【道具】
ペン（黒・赤）／セロハンテープ／木工用接着剤／のり／タンポ（ガーゼ、輪ゴム）／絵の具（水色・白）／新聞紙（下敷き用）

雲
少しずつ重ねて貼りながら曲線を描く。

川
白と青のスズランテープを斜めに貼る。

花びら
スズランテープの上に散らし、流れを表現する。

おひなさま
いろいろな向きで貼り、流しびなの雰囲気に。

第1章 壁面飾り 春

おひなさま

`マスキングテープ` `三つ編み`

準備

- 色画用紙を直径13センチ程度の丸に切り、画用紙をおひなさまの形に切る。
- 色画用紙をえぼしやしゃく、冠や扇の形に切る。

- マスキングテープをシール台紙などに貼り、扱いやすくする。

- いろいろな色の綿ロープを70センチ程度に切って並べる。

1 マスキングテープを貼る

> マスキングテープを使って、着物の襟を作りましょう。

画用紙にマスキングテープを向かって左側から斜めに貼る。左右交互に、画用紙の下まで貼る。

2 ペンで描き、色画用紙を貼る

ペンで髪の毛や表情を描き、色画用紙の冠やえぼしを貼る。

3 綿ロープを三つ編みにする

綿ロープを3本まとめる。先をセロハンテープで机に固定する。

援助のポイント

綿ロープがずれると作りにくいので、固定されているか職員が確認しましょう。

> 右のひもを真ん中と交差させてくださいね。次は、左のひもを真ん中のひもにかけますよ。

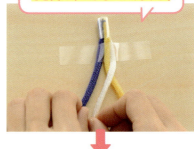

右側の綿ロープを真ん中に移動し、次に左側の綿ロープを真ん中に持ってくる。これを繰り返し、三つ編みにする。

援助のポイント

3色の組み合わせや色の順番を統一し、綿ロープの色で動かし方を説明してもよいでしょう。

4 綿ロープを貼る

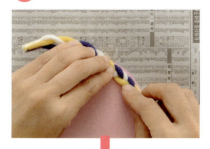

色画用紙のふちに木工用接着剤で三つ編みにした綿ロープを貼る。両端を結び、端を切りそろえる。

援助のポイント
木工用接着剤が扱いにくい場合は、職員が両面テープを貼っておき、くっつける形で作りましょう。

5 画用紙を貼る

色画用紙の真ん中に、おひなさまの画用紙を貼る。

雲   タンポ

準備
- 画用紙と色画用紙を雲の形に切る。
- 丸めたガーゼをガーゼで包んで輪ゴムでとめ、タンポを作る。
- 水色と白の絵の具を容器に入れる。

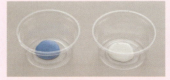

1 画用紙にタンポを押す

画用紙に水色の絵の具をつけたタンポを押す。

援助のポイント
前もって、タンポをいったん水につけて絞っておくと、絵の具がよくつきます。

2 色画用紙にタンポを押す

今度は、紙と絵の具の色を変えてタンポを押してみましょう。

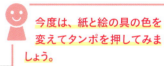

色画用紙に白の絵の具をつけたタンポを押す。

アレンジアイデア

赤の台紙と組み合わせる

赤の色画用紙に貼ると、ひな壇のような雰囲気になります。上下にマスキングテープをあしらって華やかに。

第1章 壁面飾り 春

シール 菜の花畑

菜の花の黄色が部屋を春色に彩ります。
丸シールを組み合わせることで
菜の花らしい形になります。

型紙 P.217

【材料】
画用紙（花、雲）／色画用紙（花の台紙・菜の花畑：黄色、葉：黄緑系、空：水色、山：青、丘：黄緑、テントウムシ：赤・黒、チョウ：黄色・クリーム色・オレンジ）／丸シール（黄色・白・緑）

【道具】
厚紙（花の型紙）／鉛筆／はさみ

背景 空→雲→山→丘の順番に貼る。丘の曲線で背景に奥行きが加わる。

菜の花畑 黄色の色画用紙を重ね、広がりを出す。

菜の花 台紙の色画用紙に花を貼り、間に丸シールを貼る。

菜の花 シール

準備
● 厚紙で花の型紙を作る。

① 型紙をなぞって形を描く

画用紙に型紙を当て、鉛筆で形を描く。

援助のポイント
どこの部分を作っているのかイメージしやすいよう、職員が作ったものを用意しておきましょう。

② 画用紙を切る

線にそって、画用紙を切る。

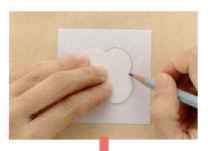

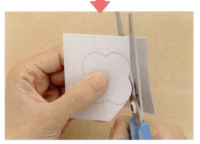

もう一つの型紙で作る場合も、同じようにする。

援助のポイント
見えづらい場合には、濃い色の型紙を用意すると取り組みやすくなります。

③ シールを貼る

画用紙に黄色の丸シールを十字になるように4枚貼る。

援助のポイント
丸シールを十字に貼る目安に、職員が画用紙の中央に鉛筆で印をつけてもよいでしょう。

> だんだんお花らしくなってきましたね。真ん中には白や緑のシールを貼りましょう。

真ん中に白や緑の丸シールを貼る。

画用紙の形が違う場合も、同じようにする。

アレンジアイデア
台紙に貼ってしおりにする

花を貼った長方形や丸の色画用紙に、パンチで穴を開けて毛糸を通すと、しおりになります。

第1章 壁面飾り 春

貼り合わせる イチゴつみ

春の味覚、イチゴを壁面飾りで楽しみましょう。
ふっくらと貼り合わせた色画用紙が
おいしそうなイチゴに変身します。

型紙 P.218

【材料】
色画用紙（実：赤、葉・へた：緑、花芯：黄色、かご：茶色・黄土色、背景：水色）／画用紙（花）／包装紙（かごの中の布）

【道具】
はさみ／のり／ペン（黒・茶色）／ピンキングばさみ

花 間に散らして、華やかな印象に。

葉 ピンキングばさみで切り、中央に折りすじをつける。

かご 包装紙で布の雰囲気を出し、ペンで模様を描く。

イチゴ

貼り合わせる

準備

- 色画用紙を15センチ×6センチ程度と、へたの形に切る。

1 色画用紙を貼り合わせる

色画用紙の下側に、のりをつける。

援助のポイント
わかりづらい場合は、職員がのりをつける位置の目安を描いておきましょう。

💬 イチゴが丸くなるように、上から下へと、ふんわりと重ねましょう。

色画用紙の上側を曲げ、下側と重ねて貼り合わせる。

援助のポイント
軽く折り目をつけて貼り合わせ、職員が内側からふくらませてもよいでしょう。

2 色画用紙を切る

色画用紙の貼り合わせた部分の両角を丸く切る。

---

3 色画用紙を貼る

色画用紙のへたを上側に貼る。

4 ペンで描く

💬 イチゴの仕上げに、種を描いていきましょう。おいしそうなイチゴができましたね。

色画用紙にペンで種を描く。

援助のポイント
丸めてから種を描きにくい場合は、先に描いておきましょう。

アレンジアイデア

箱に貼り立体的に飾る

箱にイチゴの実や花、葉っぱを組み合わせると、小物入れなどとして使えます。

第1章 壁面飾り 春

ちぎり貼り　切り紙

春らんまんの桜並木

ピンク色の桜が並んでチョウが舞う、
春らしい風景に心も浮き立ちます。
お花紙や折り紙をまぜた
ちぎり貼りで桜の花を表現します。

型紙 P.218

【材料】
お花紙（花：白・ピンク）／折り紙（花：ピンク系）／色画用紙（花の台紙：ピンク、鳥：黄緑系・オレンジ、木：茶色、背景：水色・クリーム色・灰色・薄黄緑）／画用紙（鳥）／柄入り折り紙（チョウ：いろいろな柄）／モール（チョウの触角：いろいろな色）

【道具】
厚紙（チョウの型紙）／丸い型（缶や容器のふたなど丸いもの）／鉛筆／はさみ／のり／セロハンテープ

第 1 章 壁面飾り 春

チョウ
傾けて貼ることで、飛んでいる雰囲気を出す。

背景
地面に3色の色画用紙を用い、奥行きを表現する。

桜
枝の色画用紙の上に、そのまま貼る。

桜
幹の色画用紙を加えて、1本ずつの木にして地面に並べる。

桜

`ちぎり貼り`

準備

- 缶や容器のふたなど、丸い型を用意する。
- お花紙と折り紙を色分けして並べる。

① 型をなぞって丸を描く

色画用紙に型を当て、鉛筆で丸を描く。

② 色画用紙を切る

線にそって、色画用紙を切る。

③ お花紙をちぎる

白やピンクのお花紙を細長くちぎってから、小さくちぎる。

援助のポイント
お花紙には、紙の目でちぎりやすい向きがあるので、声をかけましょう。

④ お花紙を貼る

ちぎったお花紙を色画用紙に貼る。

援助のポイント
ちぎったお花紙や折り紙を、紙の種類や色ごとに入れておく容器があると便利です。

> 白とピンクをまぜながら貼ると、ふんわり優しい感じになってきますね。

白とピンクをまぜながら、色画用紙全体に貼る。

⑤ 折り紙をちぎる

折り紙を細長くちぎってから、小さくちぎる。

援助のポイント
細長くちぎったものを用意しておき、それを小さくちぎるだけにしてもよいでしょう。

⑥ 折り紙を貼る

ちぎった折り紙をお花紙の上から貼る。

チョウ　切り紙

準備

- 厚紙でチョウの型紙を作る。

- 柄入り折り紙を並べ、選べるようにする。

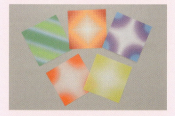

- いろいろな色のモールを用意し、選べるようにする。

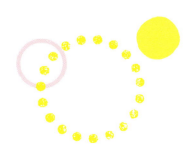

1 折り紙を二つ折りにする

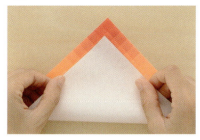

折り紙を半分に折る。

2 型紙をなぞって形を描く

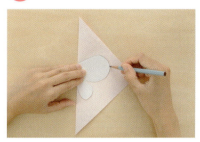

折り紙に型紙を当て、鉛筆で形を描く。

援助のポイント
見えづらい場合は、材料を色画用紙にするか、濃い鉛筆や色鉛筆を使用すると取り組みやすくなります。

3 折り紙を切る

はさみをゆっくり進めながら折り紙を動かすと、きれいに切れますよ。

線にそって、折り紙を切る。

4 折り紙にモールを貼る

モールを半分に折り、折り紙の白面にセロハンテープで貼る。

援助のポイント
モールは針金部分が出ていないか確認を。扱いにくい場合は、職員が代わりに貼りましょう。

アレンジアイデア

窓に貼って飾る

窓に桜の木を向きを変えながら貼ります。何本か飾るだけで、部屋が春らしい装いになります。

第1章　壁面飾り　春

切り紙 タケノコ狩り

いろいろな折り紙や千代紙、包装紙を組み合わせるのが楽しい作品です。斜めに重ねて貼り、タケノコらしく。

型紙 P.219

【材料】
色画用紙（タケノコの台紙：茶色・薄茶色・オレンジ、モグラ：茶色・薄茶色・オレンジ、地面：茶色系、竹：緑・黄緑、背景：クリーム色）／折り紙・包装紙・千代紙（タケノコ：いろいろな色や柄）

【道具】
鉛筆／はさみ／のり／色鉛筆（緑）／ペン（茶色・黒）

竹
色鉛筆で節や葉脈のラインを描く。

タケノコ
台紙に貼ってから、ペンで描く。

モグラ
色画用紙で作ったモグラをプラスしてユーモラスに。

地面
色画用紙をラフにちぎり、しわをつけたものを貼る。

タケノコ　　切り紙

準備

- 色画用紙をタケノコの形に切る。

- 折り紙や千代紙、包装紙を折り紙の4分の1程度に切って並べ、選べるようにする。

1 紙を二つ折りにする

紙を半分に折る。

2 紙に形を描く

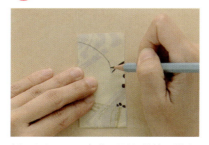

紙にタケノコの半分の形を鉛筆で描く。

援助のポイント
形をイメージして描きやすいよう、職員が線を描いてから切る工程を実演してみましょう。

3 紙を切る

線にそって、紙を切る。

4 色画用紙に貼る

色画用紙の台紙に、上のほうから切った紙を斜めに貼る。

少し傾けながら位置をずらして貼っていくと、タケノコらしい形になっていきますよ。

援助のポイント
折り紙だけでなく、千代紙や包装紙をまぜると立体的になります。最初に配置してから貼ってもよいでしょう。

5 ペンで描く

色画用紙にペンで線を描く。

アレンジアイデア

柄入り紙皿に貼る

チェックや水玉などの柄入り紙皿を土台にし、個人の作品として飾ります。

第1章　壁面飾り　春

染め紙 色とりどりのチョウ

コーヒーフィルターの特性を活用し、
染め紙の材料にします。
白の部分が残るよう染めましょう。

型紙 P.219

【材料】
コーヒーフィルター（チョウ）／モール（チョウの触角：各色）／包装紙（花：いろいろな柄）／折り紙（花：ピンク系）／針金（チョウの支え）／リボン（黄緑・ピンク・白）／色画用紙（背景：水色）

【道具】
絵の具（黄色・青・赤・紫など）／鉛筆／はさみ／セロハンテープ／新聞紙（下敷き用）

花 いろいろなピンクの折り紙で作った花を散らす。

チョウ 針金で飛び出すように貼ったものをまぜる。

花 包装紙を花形に切ったものを丸く並べて貼り、中央に3色のリボンを結んだものを貼る。

チョウ

染め紙

準備

- 黄色、青、赤、紫などの絵の具を薄めに溶いて容器に入れる。絵の具が濃いと吸いにくくなり、薄すぎると乾いた際に色が薄くなるので、事前に試して濃さを確認する。

1 フィルターに形を描く

コーヒーフィルターに鉛筆で半分のチョウの形を描く。

援助のポイント
自由に形を描くのが難しい場合は、職員が厚紙でチョウの型紙を用意しましょう。

2 フィルターを切る

線にそって、コーヒーフィルターを切る。

3 フィルターを絵の具につける

> 1、2、3…（数えながら）、絵の具がしみこんで鮮やかな黄色になってきましたね。

コーヒーフィルターを絵の具につける。

> 今度は、反対側の端を好きな色の絵の具につけてみましょう。

反対側の端を絵の具につける。コーヒーフィルターを乾かす。

4 モールをつける

コーヒーフィルターの裏に、二つ折りにしたモールをセロハンテープで貼り、モールの先を曲げる。

援助のポイント
モールは、先を曲げずに二つ折りにするだけにしてもよいでしょう。

アレンジアイデア

ひもに貼って吊るし飾りに

チョウや花をひもに貼って吊るします。入り口や窓の前に飾ると、ゆらゆら揺れてかわいらしさ満点です。

ちぎり貼り 重ね貼り

雄大なこいのぼり

大空を気持ちよさそうに泳ぐこいのぼり。
赤と白の折り紙のちぎり貼りと、
丸い紙の重ね貼りで、うろこを作ります。
共同製作の醍醐味が感じられる作品です。

型紙
P.220

【材料】
色画用紙（こいのぼり：青・水色・赤・ピンク・黄色・緑・黒、ツバメ：黒、背景：水色）／画用紙（うろこの台紙）／柄入り折り紙（うろこ、矢車）／折り紙（うろこ：水色・白・赤）／キラキラ折り紙（うろこ：金）／障子紙（雲）／包装紙（棒）／丸シール（矢車：黄色）／たこ糸

【道具】
のり／はさみ

第1章 壁面飾り 春

矢車
柄入り折り紙で折った風車の中央に丸シールを貼る。

棒
包装紙を筒状にし、たこ糸をとめる。

こいのぼり
曲線を描くようにうろこを貼り、風になびく様子を表現する。

雲
障子紙にしわを寄せ、ふんわりと貼る。

緋鯉（ひごい）

ちぎり貼り

準備

● 画用紙を直径8センチ程度の丸に切る。

1 折り紙をちぎる

> 最初から小さくちぎるより、まず細長くちぎってからちぎると小さくしやすいですよ。

赤の折り紙を細長くちぎる。

細長くちぎった折り紙を小さくちぎる。

白の折り紙も同じように、細長くちぎってから小さくちぎる。

援助のポイント
ちぎった折り紙を色ごとに入れておく容器を用意すると、取り組みやすくなります。

2 画用紙に折り紙を貼る

> 丸い画用紙にぐるりと、ちぎった赤の折り紙を並べて貼っていきましょう。

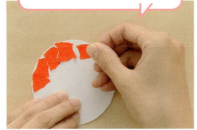

画用紙のふちに、ちぎった赤の折り紙を貼る。

画用紙の中央に、ちぎった白の折り紙を貼る。

3 画用紙を折る

のりが乾いたら、画用紙を半分に折る。

援助のポイント
のりが乾いていないと扱いづらいので、十分に乾いてから折ったり切ったりするようにしましょう。

4 画用紙を切る

折りすじにそって、画用紙を切る。

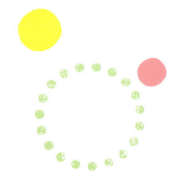

真鯉（まごい）

重ね貼り

準備

- 柄入り折り紙を直径8センチ程度、折り紙を直径7センチ程度、キラキラ折り紙を直径6センチ程度の丸に切る。重ねたときに見えるよう、大きさを変えて切る。

① 紙を重ねて貼る

折り紙を柄入り折り紙に重ねて貼る。

> なるべく金色の折り紙が真ん中にくるように貼ってみましょう。

キラキラ折り紙を折り紙に重ねて貼る。

② 紙を半分に折る

のりが乾いたら、貼り合わせた紙を半分に折る。

③ 紙を切る

折りすじにそって、貼り合わせた紙を切る。

援助のポイント

3枚重なったところがずれやすいので、切りにくい場合は職員がフォローしましょう。

アレンジアイデア

折り紙
赤とオレンジなど、同系色の折り紙で作ります。

お花紙
ちぎったお花紙を貼ると、ふんわりした仕上がりに。

紙テープ
小さく切った紙テープを画用紙のふちに貼ります。

柄のある紙
同系色の包装紙や柄入り折り紙をまぜます。

ちぎり貼り ハナショウブ

長方形の画用紙を3枚貼り合わせて、
ハナショウブの形に仕上げます。
真ん中のお花紙で、ぐんと本物らしく。

型紙 P.220

【材料】
画用紙（花の台紙、雲）／折り紙・千代紙・包装紙（花：紫や青系のいろいろな色や柄）／お花紙（花：紫）／色画用紙（葉：緑系、茎：緑系、ツバメ：黒・赤、背景：水色）

【道具】
のり／セロハンテープ

雲 途中で切れるようにあしらうことで、広がりを感じさせる。

葉と茎 いろいろな緑の色画用紙で作り、重なりをわかりやすくする。

花 まっすぐに貼ると、ハナショウブらしくなる。

ハナショウブ

ちぎり貼り

準備

- 画用紙を7センチ×4センチ程度に切る（3枚で1セット）。
- お花紙を4センチ×13センチ程度に切る。

- いろいろな紫や青系の折り紙や千代紙、包装紙を並べ、選べるようにする。

1 紙をちぎる

折り紙や包装紙、千代紙を細長くちぎってから小さくちぎる。

2 紙を貼る

ちぎった紙を画用紙に貼る。

援助のポイント
ちぎった紙を種類ごとに容器に入れて並べておきましょう。貼る際に、紙を選びやすくなります。

濃い色と薄い色をまぜてみたり、柄がある紙を並べてみたり、どんなふうに貼るか工夫してみましょう。

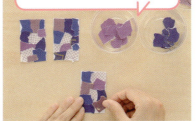

同じようにして、3枚作る。

3 お花紙をちぎる

3等分を目安に、お花紙をちぎる。

4 お花紙を画用紙に貼る

お花紙の端をねじり、同じように3点作る。

1枚の画用紙の裏に、お花紙3点をまとめてセロハンテープで貼る。

5 画用紙を貼る

3枚を組み合わせると、四角い紙がハナショウブらしくなってきましたね。

お花紙を貼った画用紙を中央にし、左右に斜めに画用紙を貼る。

第1章 壁面飾り 春

粘土 旬のソラマメ

軽量粘土のソラマメを立体的に飾ります。
真ん中をくぼませるのが
ソラマメらしく仕上げるコツです。

【 材料 】
軽量粘土（ソラマメ：黄緑）／色画用紙（ソラマメのさや：黄緑、器：いろいろな色、背景：クリーム色）／丸シール（黄色・水色・紫・ピンク）

【 道具 】
のり／木工用接着剤／クッキングシート（下敷き用）

ソラマメ
傾けて貼り、粘土や器の立体感を際立たせる。

背景
淡い色の丸シールを、ところどころ重ねて貼りながらあしらう。

ソラマメ 　粘土

準備

- さや用の黄緑の色画用紙を7センチ×20センチ程度に切り、両側に切り込みを入れる。
- 器用の色画用紙を12センチ×20センチ程度に切る。
- 作るスペースに、クッキングシートを敷く。

1 粘土で形を作る

↓

軽量粘土を手のひらでお団子のように丸め、上から押さえやや平らにする。

> 粘土の横の面を指でつまむようにして、くぼませると豆らしい形になりますよ。

軽量粘土を楕円の形に整え、側面にくぼみをつける。

2 色画用紙を折る

さや用の色画用紙の長辺を1センチ幅程度に折る。

3 色画用紙を折って貼る

色画用紙の切り込みの部分を折って立たせ、重ねて貼る。

援助のポイント
折り方や貼る部分がわかるよう、職員が工程ごとの見本を用意して実物を見ながら進められるようにしましょう。

4 色画用紙を折る

器用の色画用紙の四辺を1センチ幅程度に折る。

5 色画用紙を貼る

色画用紙の角をつまむようにし、三角に重ねて貼る。

援助のポイント
取り組みづらい場合には、職員が前もって立体的にした器を用意しておきましょう。

6 粘土を色画用紙に貼る

↓

軽量粘土を木工用接着剤でさやの色画用紙に貼る。さやごと器の色画用紙に貼る。

第1章 壁面飾り 春

SUMMER 夏

ステンシル　ペンで描く　丸める

雨に映えるアジサイ

色鉛筆で描いたカラフルな小花が印象的なアジサイです。キラキラ光る雨粒も華やか！

型紙 P.221

【材料】
色画用紙（花の台紙：ピンク・水色・紫、葉：緑、カエル：黄緑、背景：クリーム色）／アルミホイル（雨粒）／紙テープ（雨粒：水色）

【道具】
丸い型（缶や容器のふたなど丸いもの）／鉛筆／色鉛筆（白・水色・青・紫・赤）／油性ペン（青）／ペン（黒・白）／厚紙（花の型紙）／のり／セロハンテープ

アジサイ　ピンクや紫、水色のアジサイを、同じ色が集まらないようにちりばめて貼る。

カエル　リアルなカエルをプラスし、落ち着いた印象にまとめる。

雨粒　紙テープを斜めに貼り、雨が降っている雰囲気に。

第1章 壁面飾り 夏

47

アジサイ ステンシル

準備

- 厚紙で花の型紙を作る。

- 缶や容器のふたなど、丸い型を用意する。

- 色画用紙を葉の形に切り、半分に折って折りすじをつける。

1 型をなぞって丸を描く

色画用紙に型を当て、鉛筆で丸を描く。

2 色画用紙をちぎる

> 指先でつまむようにして、少しずつゆっくりちぎりましょう。紙を回すと、ちぎりやすいですよ。

線にそって、色画用紙をちぎる。

3 色鉛筆でぬる

色画用紙を裏返し、鉛筆の線がない側を表にする。花の型紙を色画用紙にのせ、中を色鉛筆でぬる。

援助のポイント

型紙がずれるとぬりにくいので、型紙をテープで仮どめしたり、職員が押さえたりするなどしましょう。

> 型を外してみると、花が浮き出てきましたね。次の花は、何色でぬってみましょうか?

型紙を置く位置や色鉛筆の色を変えながら、繰り返す。

4 色画用紙を貼る

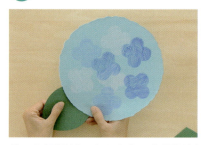

花の色画用紙の裏から葉の色画用紙を貼る。

雨粒

`ペンで描く` `丸める`

準備
- 25センチ幅のアルミホイルを20センチ程度に切る。
- 紙テープを20センチ程度に切る。

1 アルミホイルにペンで描く

アルミホイルの表面に油性ペンで自由に線を描く。

援助のポイント
アルミホイル全体をぬると模様が出なくなるので、アルミホイルのままの部分が残るよう声をかけましょう。

2 アルミホイルを丸める

アルミホイルを大まかに丸める。

> アルミホイルの先をつまむようにとがらせると、しずくの形らしくなりますよ。

丸めたアルミホイルをつまみ、先をとがらせる。

3 紙テープを細くねじる

紙テープを握るようにして細くし、ねじる。

4 アルミホイルに紙テープを貼る

アルミホイルの裏に、紙テープをセロハンテープで貼る。

アレンジアイデア
丸く切ってコースターに

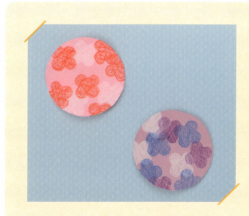

アジサイを丸く切れば、コースターに早変わり。壁面に飾った後も楽しめます。

第1章 壁面飾り 夏

染め紙 雨降りの日の傘

障子紙を絵の具で染めて、
色とりどりの傘を作ってみませんか？
貼り合わせて立体的にするのもポイント。

型紙 P.221

【材料】
障子紙（傘）／色画用紙（傘の柄：青・藤色、背景：灰色）／折り紙・柄入り折り紙（雨粒：青や黄緑系のいろいろな色や柄）

【道具】
絵の具（いろいろな色）／のり／新聞紙（下敷き用）

傘　立体的な傘の形がわかりやすいよう、ふんわりと貼る。

雨粒　折り紙と柄入り折り紙をまぜたり、大小を組み合わせたりして、変化をつける。

傘

染め紙

準備

- 障子紙を直径15センチ程度の丸に切る。色画用紙を傘の柄の形に切る。

- 赤、緑、黄色などの絵の具を薄めに溶いて容器に入れる。絵の具が濃いと吸いにくくなり、薄すぎると乾いた際に色が薄くなるので、事前に試して濃さを確認する。

1 障子紙を折る

障子紙を半分に折る。

さらに半分に2回折り、8等分になるようにする。

2 障子紙を絵の具につける

> どんどん絵の具を吸っていきますので、様子を見ながら早めに引き上げてくださいね。

障子紙の端を絵の具につける。

援助のポイント
絵の具が手につくこともあるので、そばに手ふきタオルなどを用意しておくとよいでしょう。

障子紙の反対側の端を違う色の絵の具につける。障子紙を乾かす。

3 障子紙を貼る

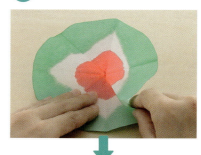

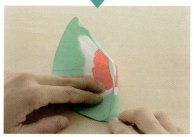

障子紙の8分の1部分にのりをつけ、内側に折りたたむように重ねて貼る。

援助のポイント
折る部分や貼る場所がわかりづらい場合は、職員が折る目安の線を鉛筆で引くなどしましょう。

4 色画用紙を貼る

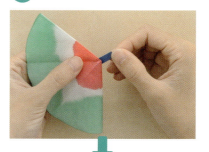

障子紙の先端と内側に、柄の色画用紙を貼る。

第1章 壁面飾り 夏

布を貼る　バラの庭園

布で表現したバラがとっても豪華！
布をつまんで回してできる重なりが
バラの花の表現にぴったりです。

型紙 P.221

【材料】
布（花：赤やピンク系のいろいろな柄）／折り紙（葉：緑系）／色画用紙（花の台紙：赤、草：黄緑、噴水：水色系・黄色）／画用紙（噴水）／キラキラ折り紙（水：白）／ラップ（水）／綿ロープ（アーチ：灰色）

【道具】
木工用接着剤／セロハンテープ

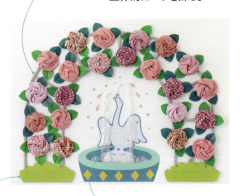

アーチ　灰色の綿ロープで形作り、立体的にバラを飾る。

草　上から色画用紙を貼り、綿ロープの端を隠す。

噴水　水色に白を重ね、形をはっきりさせる。何重かにまとめたラップで水の質感を表現する。

バラ

布を貼る

準備

- 色画用紙を直径7センチ程度の丸に切る。

- いろいろな柄の布を20センチ×20センチ程度に切って並べ、選べるようにする。
- 折り紙を葉の形に切り、半分に折って折りすじをつける。

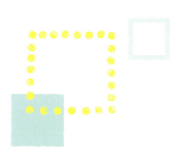

1 布を回転させて色画用紙に貼る

> お好みの柄を選んでくださいね。決めたら、布の真ん中をつまむようにして持ってください。

色画用紙に木工用接着剤をつける。布の中央を指でつまむ。

布をつまんだまま回転させ、ひだを寄せる。

援助のポイント
布が広がる場合には、職員が手を添えたり、布を押さえたりして取り組みましょう。

そのまま布を色画用紙にのせて貼る。

2 布をテープでとめる

色画用紙からはみ出ている布を裏に折り、セロハンテープでとめる。

3 折り紙を画用紙に貼る

花の裏に葉の折り紙を木工用接着剤で貼る。

アレンジアイデア

レースペーパーと組み合わせる

レースペーパーを台紙にすると、繊細な雰囲気がバラにぴったりです。

第1章 壁面飾り 夏

切り紙　ちぎり貼り

七夕の願い事

七夕に願いを込めて、思い思いの
願い事が竹に飾られます。
ちぎり貼りのササや切り紙の星を
スズランテープの天の川が引き立てます。

型紙
P.222

【材料】
画用紙（葉の台紙）／色画用紙（竹：黄緑系、背景：青）／折り紙（葉：緑、短冊・つなぎ飾り：いろいろな色）／キラキラ折り紙（星：いろいろな色）／スズランテープ（天の川：水色・青・紫）

【道具】
厚紙（葉・星の型紙）／鉛筆／のり／はさみ／筆ペンまたは書道道具

第1章 壁面飾り 夏

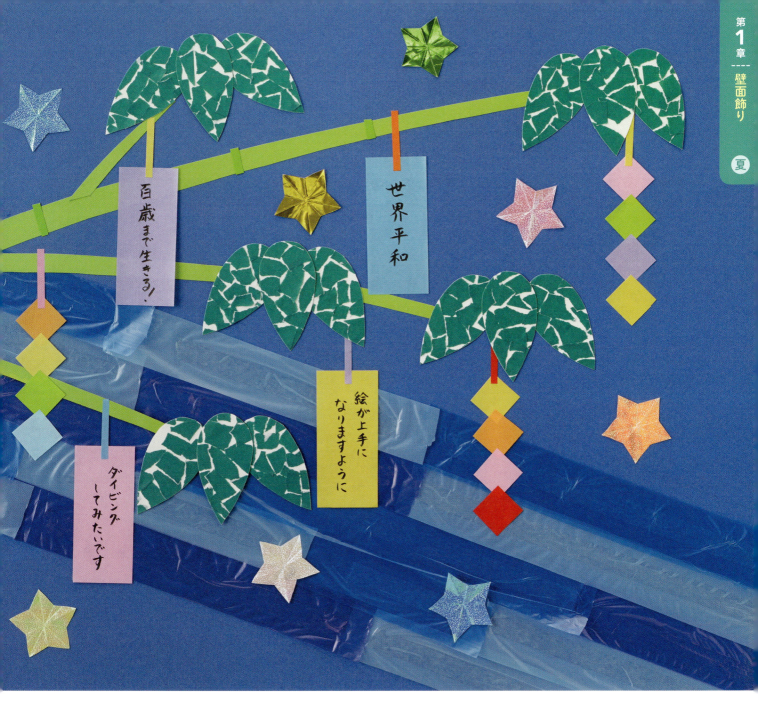

天の川
水色や青、紫のスズランテープを継ぎ合わせながら貼る。

竹
細長く切った色画用紙をところどころに貼ると、竹の節らしくなる。

つなぎ飾り
四角に切った折り紙を貼り合わせたものをあしらう。

短冊
折り紙に筆ペンなどで願い事を書いたものを飾る。

星

切り紙

準備

- 厚紙で星の型紙を作る。

- いろいろなキラキラ折り紙を並べ、選べるようにする。

1 折り紙を折る

> 角と角を合わせて、三角になるように折ってくださいね。

キラキラ折り紙を半分に折り、さらに半分に折りすじをつける。

三角の縦半分に折りすじをつける。

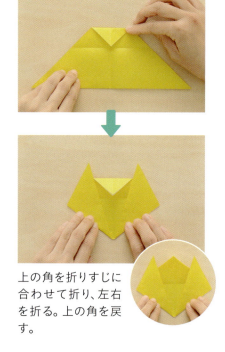

上の角を折りすじに合わせて折り、左右を折る。上の角を戻す。

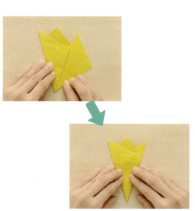

左側を谷折り、右側を山折りする。

2 型紙をなぞって線を引く

キラキラ折り紙に型紙を当て、鉛筆で線を引く。

3 折り紙を切る

線にそって、キラキラ折り紙を切る。

援助のポイント
折り紙が重なっている部分が切りにくい場合は、職員が代わりに切りましょう。

4 折り紙を開く

> 折り紙をそーっと広げると、星ができあがりましたね。

キラキラ折り紙を開く。

ササ

ちぎり貼り

準備
- 厚紙で葉の型紙を作る。

1 型紙をなぞって形を描く

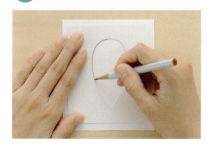

画用紙に型紙を当て、鉛筆で形を描く。

2 折り紙をちぎる

折り紙を細長くちぎってから、小さくちぎる。

3 折り紙を貼る

> ササの形の部分に、白いところが見えなくなるよう折り紙を貼っていきましょう。

ちぎった折り紙を画用紙に鉛筆の線を目安に貼る。

援助のポイント
後からササの形に切るので、線からはみ出して貼ってもよいことを伝えましょう。

4 画用紙を切る

線にそって、画用紙を切る。

援助のポイント
折り紙で線が見えづらくなるので、切りにくい場合は上からもう一度目安の形を描いてもよいでしょう。

5 画用紙を貼る

同じように3枚作り、重ねて貼る。

アレンジアイデア

紙テープに貼って飾る

ねじった紙テープにササや短冊をつけます。小さなスペースにも飾りやすい方法です。

第1章 壁面飾り 夏

染め紙 垣根のアサガオ

夏を代表する花、アサガオを作りましょう。
障子紙にピンクや水色の絵の具がにじむ様子が
アサガオの表現にぴったりです。

型紙 P.223

【材料】
障子紙（花）／丸シール（花芯：黄色）／色画用紙（葉：黄緑・緑、背景：クリーム色）／紙テープ（つる：黄緑）／片段ボール（垣根：茶色）

【道具】
丸い型（容器やテープの芯など丸いもの）／鉛筆／はさみ／絵の具（ピンク・水色）／新聞紙（下敷き用）

垣根 細長く切った片段ボールを格子状に貼る。広告紙を筒状に丸めたもので作っても。

葉 色画用紙を葉の形に切り、半分に折りすじをつける。

つる 片段ボールに紙テープをぐるぐると巻きつける。

アサガオ 染め紙

準備

- 容器や缶、テープの芯など、丸い型を用意する。
- 障子紙を12センチ×12センチ程度に切る。

- 水色とピンクの絵の具を薄めに溶いて容器に入れる。絵の具が濃いと吸いにくくなり、薄すぎると乾いた際に色が薄くなるので、事前に試して濃さを確認する。

① 型をなぞって丸を描く

障子紙に型を当て、鉛筆で丸を描く。

② 障子紙を切る

線にそって、障子紙を切る。

③ 障子紙を折る

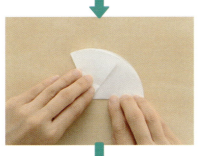

障子紙を半分に折る。3等分を目安に、左側を中央へと折り、右側も同じように折る。

援助のポイント
折る分量が把握しづらい場合には、職員が目安の線を引くなどしましょう。

④ 障子紙を絵の具につける

水色のアサガオとピンクのアサガオ、どちらがお好みですか？ 好きなほうの絵の具につけてみましょう。

障子紙の弧の側を水色かピンクの絵の具につける。障子紙を乾かす。

援助のポイント
水色とピンクの両方の絵の具につけ、紫になるのを楽しんでもよいでしょう。

⑤ シールを貼る

障子紙の中央に丸シールを貼る。

アレンジアイデア

うちわに貼る

無地のうちわにアサガオの花と葉を貼り、夏らしく。

第1章 壁面飾り 夏

マスキングテープ　涼を届ける風鈴

暑い夏に、涼しげな雰囲気の壁面飾りを作ってみませんか？
好きな柄で風鈴を飾りましょう。

型紙 P.223

【材料】
色画用紙（風鈴の台紙：水色・黄色・ピンク、風鈴の短冊：いろいろな色、背景：水色）／画用紙（風鈴の台紙）／マスキングテープ（風鈴の飾り：いろいろな柄、風：水色系）／たこ糸／麻ひも

【道具】
厚紙（風鈴の型紙）／鉛筆／はさみ／セロハンテープ

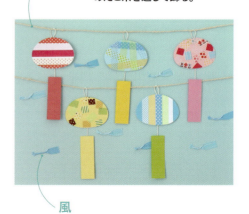

風鈴　左右にわたした麻ひもに、風鈴のたこ糸を通して飾る。

風　水色のマスキングテープを片側だけをねじりながら貼る。

風鈴 `マスキングテープ`

準備

- 厚紙で風鈴の型紙を作る。

- マスキングテープをシール台紙などに貼り、扱いやすくする。

① 型紙をなぞって形を描く

色画用紙に型紙を当て、鉛筆で形を描く。

② マスキングテープを貼る

> 風鈴におしゃれをさせていきましょう。いろいろな柄があります。お好きなものを選んでくださいね。

色画用紙に鉛筆の線を目安にマスキングテープを貼る。

マスキングテープは、短く切ってから貼ってもよい。

援助のポイント

マスキングテープは、職員が短く切ったものを用意しておいてもよいでしょう。

③ 色画用紙を切る

線にそって、色画用紙を切る。

④ たこ糸を貼る

↓

たこ糸の端を短冊の色画用紙の裏にセロハンテープで貼り、反対側の端を風鈴の色画用紙の裏に貼る。

たこ糸を輪にし、風鈴の色画用紙の裏にセロハンテープで貼る。

第1章 壁面飾り 夏

スタンプ　ちぎり貼り　シール

夜空に浮かぶ花火

夏を彩る大輪の花火を壁面飾りで楽しみましょう。
段ボールを活用したスタンプ、
ちぎり貼りと丸シールの組み合わせで
色鮮やかな花火を作ります。

型紙 P.223

【材料】
色画用紙（花火の台紙：水色・青、人：青、建物：灰色・黄色、動線：水色、背景：紺）／丸シール（花火：いろいろな色）／折り紙・柄入り折り紙・キラキラ折り紙（花火：いろいろな色や柄）

【道具】
段ボール（スタンプ）／絵の具／のり／キッチンペーパーやガーゼ

第1章 壁面飾り 夏

建物
灰色の建物に黄色の窓明かりを組み合わせて夜景らしく。

動線
花火の下にあしらうことで、打ち上がる雰囲気が出る。

人
影絵のように1色でまとめ、カラフルな花火を引き立てる。

花火

スタンプ

準備

- 段ボールを切ったり、2枚を貼り合わせたりしてスタンプを作る。

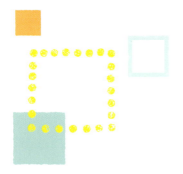

- 赤、緑、黄色、白などの絵の具を濃い目に溶き、キッチンペーパーやガーゼなどを敷いた容器に入れる。
- 色画用紙を直径15〜18センチ程度の丸に切る。

1 スタンプを押す

スタンプの正体は、段ボールなんですよ。色画用紙の真ん中に押してみましょう。

色画用紙の中央に、短いほうの段ボールスタンプを押す。

2 スタンプを押す

長いほうの段ボールスタンプを絵の具の色を変えながら押す。

援助のポイント

中央に押したスタンプを目安にすると、一周するスタンプを押しやすくなります。

3 スタンプを押す

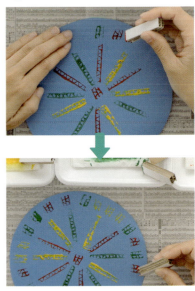

色画用紙のふちに、短いほうの段ボールスタンプを絵の具の色を変えながら押す。

花火

`ちぎり貼り` `シール`

準備

- いろいろな折り紙や柄入り折り紙、キラキラ折り紙を並べ、選べるようにする。
- 色画用紙を直径15〜18センチ程度の丸に切る。

1 折り紙をちぎる

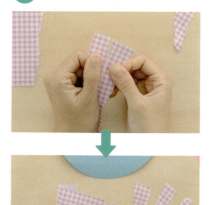

折り紙などを三角形になるようちぎる。

2 折り紙を貼る

いろいろな柄の紙をまぜて貼ると、鮮やかな花火になりますね。ぐるりと一周貼りましょう。

色画用紙に、ちぎった折り紙を貼る。

援助のポイント
三角形にちぎった折り紙を、とがったほうが色画用紙の中央にくるよう貼りましょう。

3 シールを貼る

色画用紙のふちに、丸シールを貼る。

援助のポイント
色画用紙を少しずつ回転させていくと貼りやすくなるので、フォローしましょう。

アレンジアイデア

窓に貼る

窓に飾ると、打ち上げ花火らしい雰囲気になります。窓枠にそって建物を貼るのがポイントです。

第1章 壁面飾り 夏

切って貼る 一面のヒマワリ

夏、大輪の花を咲かせるヒマワリ。
切り込みで立体的にした花びらで、
元気いっぱいのヒマワリを咲かせましょう。

型紙
P.223

【材料】
色画用紙(花の台紙：茶色系、帽子：赤・茶色系、背景：青)／折り紙(花びら：黄色系、葉：緑系)／キラキラ折り紙(光：白)／障子紙(雲)／紙テープ(茎：黄緑)／リボン(風：白)

【道具】
はさみ／のり／ペン(茶色)

風 リボンをひねりながら貼る。

雲 丸く切った障子紙にしわを寄せ、重ねて形を作る。

光 キラキラ折り紙で太陽の光の輝きを表す。

茎 黄緑の紙テープをまっすぐに貼る。

ヒマワリ `切って貼る`

準備

- 色画用紙を直径12センチ程度の丸に切る。

- いろいろな黄色の折り紙を並べ、選べるようにする。

1 折り紙を折る

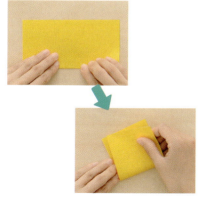

折り紙を半分に折り、さらに半分に折る。

さらに細長くなるよう半分に折り、8等分になるようにする。

2 折り紙を切る

折りすじにそって、折り紙を切る。

援助のポイント
折りすじがわかりづらい場合は、職員が切る目安の線を引きましょう。

3 折り紙に切り込みを入れる

折り紙の横幅の半分の位置に、3分の2程度まで切り込みを入れる。

援助のポイント
どこまで切り込みを入れるかわかりづらい場合は、折って目印をつけるとよいでしょう。

4 折り紙を重ねて貼る

折り紙の切り込みの部分を重ねて貼る。

5 折り紙を色画用紙に貼る

色画用紙にぐるりと折り紙を貼っていきましょう。どんな花になるか楽しみですね。

色画用紙に、切り込み部分が中央を向くよう折り紙を貼る。

6 ペンで描く

裏返して、色画用紙にペンで模様を描く。

第1章 壁面飾り 夏

マスキングテープ カラフルなヨット

海を走る色とりどりのヨットが夏らしい壁面飾り。
割りばしを斜めに貼ることで、
風を受けて進んでいる雰囲気になります。

型紙 P.224

材料
色画用紙（ヨット：いろいろな色、島：緑・茶色、カモメ・灯台：水色系）／画用紙（雲）／割りばし（ヨット）／マスキングテープ（ヨット：いろいろな柄）／紙テープ（波：水色・青、水平線：水色）

道具
木工用接着剤／色鉛筆（水色）

雲 画用紙に水色の色鉛筆でふちどりをする。

波 青や水色の紙テープを巻いてから貼り、動きを表現する。

水平線 水色の紙テープをまっすぐに貼る。

ヨット 〔マスキングテープ〕

準備

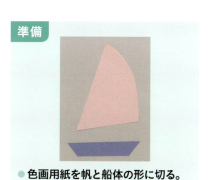

- 色画用紙を帆と船体の形に切る。

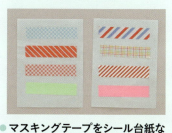

- マスキングテープをシール台紙などに貼り、扱いやすくする。

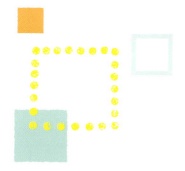

1 マスキングテープを貼る

> いろいろな柄のマスキングテープがありますよ。どんな模様がお好みですか？

帆の色画用紙にマスキングテープを貼る。

はみ出た部分は、裏側に折る。

2 割りばしに色画用紙を貼る

割りばしの上側に木工用接着剤をつける。割りばしに、帆の色画用紙を貼る。

援助のポイント
木工用接着剤が扱いにくい場合は、容器や紙に出したものとヘラを用意しましょう。

> ヨットの帆が斜めになるようにすると、風を受けて進んでいる感じになりますよ。

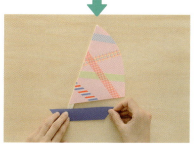

割りばしの下側に、船体の色画用紙を木工用接着剤で貼る。

アレンジアイデア

窓に貼って飾る

窓にヨットと紙テープの波をあしらいます。海を進むヨットの姿が部屋を涼しげに彩ります。

第1章 壁面飾り 夏

切って貼る　シール　切り込み

秋風に揺れる
コスモス

山並みを背景に、白やピンクの
コスモスが一面に咲く風景です。
先端のギザギザでコスモスらしく。

型紙
P.224

【材料】
折り紙（花・つぼみ：ピンク系・白、草：緑系）
／丸シール（花芯：黄色）／モール（葉：黄緑）
／色画用紙（茎：黄緑、山：こげ茶、丘：茶色、
東屋：黄土色・藤色・黒・オレンジ）／綿（雲）

【道具】
はさみ／のり／ペン（茶色・黒）

山
色画用紙にしわをつけて
から広げて貼る。

雲
綿をギュッとまとめて形
を作りながらくっつける。

葉
モールを組み合わせて、
コスモスの葉らしく。

草
隙間があかないよう、少し
ずつ重ねて並べる。

コスモス

切って貼る　シール

準備

- 白やピンクの濃淡の折り紙を3センチ×10センチ程度に切る。4枚1セットにしておく。

① 折り紙を折る

折り紙を半分に折る。

折り紙をさらに半分に折る。

援助のポイント
折りづらい場合には、作るコスモスのサイズを大きくして取り組みましょう。

② 折り紙を切る

コスモスの花を作りますよ。斜めに切ると、花びらがギザギザになります。

折った折り紙の先端を斜めに切り、反対側の先端も同じように切る。

③ 折り紙を貼る

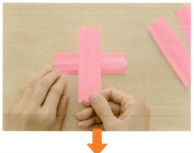

切った折り紙を十字に重ねて貼る。同じものを2点作り、重ねて貼る。

援助のポイント
十字に貼ったもの同士を重ねる際には、花びらがよく見える向きになるよう、フォローしましょう。

④ シールを貼る

折り紙の中央に丸シールを貼る。

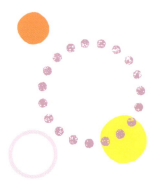

草

切り込み

準備

● いろいろな緑の折り紙を並べ、選べるようにする。

① 折り紙を折る

折り紙を半分に折る。

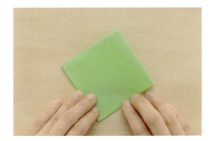

折り紙をさらに半分に折る。

② 折り紙を切る

折り紙を開いて、折りすじを目安に4分の1に切る。

援助のポイント
折りすじを目安に切りづらい場合は、あらかじめ職員が4分の1に切りましょう。

③ 折り紙の角を切る

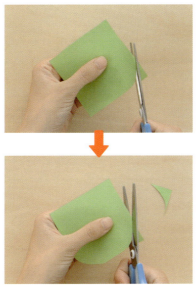

折り紙の左右の角を丸く切る。

第1章 壁面飾り 秋

④ 折り紙に切り込みを入れる

折り紙に切り込みを入れます。ひらひらして草の雰囲気になってきましたね。

折り紙に細く切り込みを入れる。

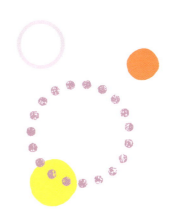

アレンジアイデア

フレームに入れて飾る

台紙にコスモスの花を貼って100円ショップなどのフレームを合わせます。

73

こより　お月見の夕べ

季節の行事を壁面飾りで味わいましょう。
満月や山々を背景にして、
お月見団子とススキが並びます。

型紙 P.225

【 材料 】
紙テープ（ススキ：黄色・黄緑）／新聞紙（ススキ）／画用紙（月見団子）／綿（月見団子）／色画用紙（葉：緑系、茎：茶色、月：クリーム色系、三方（さんぼう）：薄茶色・茶色、台：灰色、空：青、山：紺系、風：藤色、雲：水色）

【 道具 】
セロハンテープ

月　淡いクリーム色に濃い色を重ねて、縁どりをする。

月見団子　丸く切った画用紙に、ふんわりと綿を貼る。

ススキ　同じ向きに傾けて貼り、風になびく雰囲気を出す。

ススキ　こより

準備
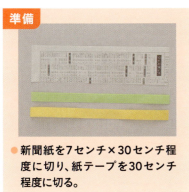

- 新聞紙を7センチ×30センチ程度に切り、紙テープを30センチ程度に切る。

❶ 紙テープでこよりを作る

> 指先でつまむようにして、端っこから少しずつねじっていきましょう。

紙テープを端からねじり、こよりにする。

❷ 新聞紙をちぎる

新聞紙を紙テープと同じぐらいの幅を目安にちぎる。

援助のポイント
新聞紙にはちぎりやすい紙の目があるので、準備の際に向きに注意しましょう。

❸ 新聞紙を折る

新聞紙をV字形に折る。

❹ 紙テープを折る

↓

紙テープをV字形に折る。

❺ 新聞紙と紙テープを貼る

折った新聞紙と紙テープの折り目のところを重ね、セロハンテープで貼る。

❻ 色画用紙に貼る

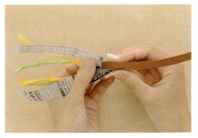

茎の色画用紙に、新聞紙と紙テープを貼ったものをセロハンテープで貼る。

援助のポイント
セロハンテープでとめるのが難しい場合、のりで貼り合わせてもよいでしょう。

アレンジアイデア

花瓶にさす

茎をストローに変えて花瓶にさすと、置き飾りに。

スタンプ ブドウ狩り

秋を代表する果物、ブドウの壁面飾りです。
ペットボトルのスタンプで
ブドウを実らせてみましょう。

型紙 P.226

【材料】
色画用紙（ブドウの台紙：薄紫・ピンク、葉：緑系、背景：黄色）／画用紙（ブドウの台紙）／紙テープ（ブドウの軸：緑）／モール（ブドウのつる：緑）／ひも（ブドウ棚：茶色）

【道具】
スタンプ（ペットボトル、ガーゼ、輪ゴム）／絵の具（紫）／ペン（緑）／丸い軸のペンなど／セロハンテープ／のり

葉
ランダムな向きで少しずつ重ねながら貼る。

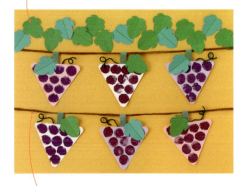

ブドウ棚
ブドウの軸の輪にした紙テープ部分をひもに通して飾ると、ブドウ棚らしく仕上がる。

ブドウ

スタンプ

準備

- ペットボトルのふたにガーゼを巻き輪ゴムでとめ、スタンプを作る。

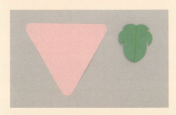

- 色画用紙と画用紙をブドウの形に切る。色画用紙を葉の形に切り、中央にペンで線を引く。
- 絵の具を容器に入れる。

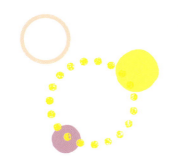

1 紙にスタンプを押す

ポンポンと、ペットボトルのスタンプで、おいしいブドウの実を作りましょう。

紙に絵の具をつけたペットボトルのスタンプを押す。

援助のポイント
絵の具は濃い目に溶くと、形がはっきり写し取れます。職員が試して濃さを調整しましょう。

2 モールで形を作る

モールをペンなどの丸い軸のものに巻きつけ、つるを作る。

3 紙テープを貼る

紙の裏に、輪にした紙テープをセロハンテープで貼る。

4 モールをつける

紙の裏に、モールをセロハンテープでつける。

援助のポイント
紙の裏からセロハンテープをつけたモールを当てるようにし、位置を見ながら貼りましょう。

5 色画用紙を貼る

色画用紙の葉を貼る。

第1章 壁面飾り 秋

ちぎり貼り 切って折る

色づく柿の実

どこか懐かしさを感じるような
実りの秋の風景が広がります。
ちぎり貼りで柿の実を
オレンジ色にしていきましょう。

型紙 P.226

材料
色画用紙（柿の台紙：黄緑、へた：深緑・赤紫、木：茶色、落ち葉：灰色・深緑、カラス：紺、風景：灰色・藤色・紺・赤紫など、背景：ピンク）／折り紙・包装紙・千代紙（柿：オレンジ系のいろいろな色や柄）／折り紙（葉：緑系）

道具
のり／鉛筆／はさみ

木
中央に大きく配置することで、ダイナミックな構図になる。

風景
灰色や紺などの落ち着いた色でまとめ、柿の実や葉を目立たせる。

葉
いろいろな向きで、枝にバランスよく配置する。

夕日
手で丸くちぎった色画用紙で表現する。

第1章 壁面飾り 秋

実

ちぎり貼り

準備

- 色画用紙でへたを作る。色画用紙を柿の形に切る。

- いろいろなオレンジ系の折り紙や包装紙、千代紙を並べ、選べるようにする。

1 紙をちぎる

まず細長くちぎってから、指でつまむようにちぎると小さくしやすいですよ。

折り紙などを細長くちぎってから、小さくちぎる。

援助のポイント
作りごたえを増やしたい場合は、しわを寄せてから紙をちぎり、立体感を出してもよいでしょう。

援助のポイント
ちぎった紙を種類や色ごとに容器に分けて並べておくと、貼るときに紙を選びやすくなります。

2 紙を貼る

柿を見ると、秋が来たと感じますね。オレンジの紙で柿を色づかせましょう。

ちぎった紙を色画用紙に貼る。

3 色画用紙を貼る

へたの色画用紙を実の色画用紙に貼る。

アレンジアイデア

はがきの絵柄にする

はがきサイズの台紙に柿の実や葉を貼ると、季節の便りに早変わり。

葉

`切って折る`

① 折り紙を折る

折り紙を半分に折り、さらに半分に折る。

② 折り紙を切る

折りすじにそって、折り紙を切る。

援助のポイント
折りすじが見えづらい場合は、職員が鉛筆などで線を引いて切る目安をつけましょう。

③ 折り紙を折る

切った折り紙を半分に折る。

④ 折り紙に形を描く

折った紙に葉の半分の形を鉛筆で描く。

援助のポイント
描いて切る手順をイメージしやすいよう、職員が大きな紙で工程を実演してみましょう。

⑤ 折り紙を切る

線にそって、折り紙を切る。

⑥ 折り紙に折り目をつける

> 葉脈のように折り目をつけると、ぐんと葉っぱらしくなりますよ。

二つ折りにしたまま、斜めに折る。間をあけて、同じように折るのを繰り返す。

援助のポイント
谷折りだけのほうが作りやすいので、一度折ったら裏返して次の折り目をつけるように伝えましょう。

第1章 壁面飾り 秋

| こより | 丸める | 実りの季節 |

秋といえば、やはり黄金色（こがね）の田んぼです。
たわわに実った稲穂を、
小さく丸めたお花紙で作りましょう。

型紙
P.227

【材料】
お花紙（稲穂：黄色）／画用紙（稲穂の台紙、雲）／色画用紙（葉：黄土色・薄茶色・黄色、田んぼ：黄色・薄茶色、空：水色、山：緑・黄緑系、トンボ：赤・オレンジ）／丸シール（トンボの目：白）

【道具】
ペン（黒）／色鉛筆（茶色）／のり／木工用接着剤

山
ちぎった色画用紙をまぜ、変化をつける。

トンボ
はねの先や体に色鉛筆で模様を描き、丸シールで目をつける。

稲穂
重ねて貼り、たくさん実っている雰囲気に。

稲穂 　こより　丸める

準備

- 型紙を使って、画用紙に目安の形を鉛筆で描く。

- 黄土色・薄茶色・黄色の色画用紙を葉の形に切る。

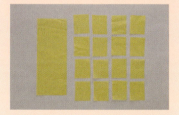

- お花紙を半分（こより用）と、16分の1（丸める用）に切る。

① お花紙でこよりを作る

細長く切ったお花紙を端からねじり、こよりにする。

② お花紙を丸める

> 指先でお花紙をくしゃくしゃと寄せるようにし、丸めていきましょう。

小さく切ったお花紙を丸める。

③ 色画用紙を貼る

> 線が描いてある中に入るように、色画用紙の葉っぱを貼りましょうね。

画用紙に色画用紙の葉を貼る。

援助のポイント

間をあけずに色画用紙を貼ると、お花紙を貼る空間がなくなるので見通しをもって貼れるようにフォローしましょう。

④ お花紙を貼る

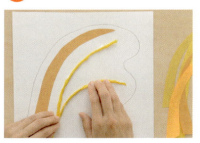

こよりにしたお花紙を木工用接着剤で画用紙に貼る。

お花紙の上から色画用紙の葉を貼る。

援助のポイント

色画用紙の葉とこよりにしたお花紙を、画用紙の上に並べてみて配置を決めてから貼り始めてもよいでしょう。

⑤ 丸めたお花紙を貼る

> 丸くしたお花紙を両側に貼り、稲穂を黄色く実らせていきましょう。

丸めたお花紙を木工用接着剤で画用紙に貼る。

⑥ 画用紙を切る

線にそって、画用紙を切る。

第1章　壁面飾り　秋

タンポ ハロウィンの夜

身近な行事になりつつあるハロウィン。
ハロウィンならではのカボチャを
タンポを押して作ってみませんか？

型紙
P.227

【材料】
画用紙(カボチャ)／色画用紙(表情：黒、葉：緑系、コウモリ：黒・黄色、月：水色、背景：青・紺・藤色)／綿ロープ(つる：深緑)

【道具】
タンポ(片段ボール、輪ゴム、ガーゼ)／インクパッド(オレンジ)／厚紙(葉の型紙)／鉛筆／はさみ／のり／新聞紙(下敷き用)

背景 同系色でまとめると、単調にならず落ち着いた夜の雰囲気が出る。

つる 綿ロープをところどころ輪にしながら貼り、その上にカボチャや葉を貼る。

カボチャ タンポ

準備

- 画用紙をカボチャの形に切る。

- 色画用紙を丸や三角、四角の表情のパーツの形に切って並べ、選べるようにする。

- 丸めたガーゼをガーゼで包み、筒状にした片段ボールに輪ゴムでとめ、タンポを作る。

- 厚紙で葉の型紙を作る。

1 画用紙にタンポを押す

> タンポを押して、カボチャをハロウィンの色のオレンジにしてみましょう。

画用紙にインクをつけたタンポを押す。

援助のポイント
インクパッドがない場合には、濃い目に溶いた絵の具を容器に入れて使いましょう。

2 色画用紙を貼る

> 黒の紙で三角や四角を組み合わせ、カボチャに目や口をつけましょう。

表情のパーツの色画用紙を画用紙に配置して貼る。

3 色画用紙を折る

色画用紙を半分に折る。

4 型紙をなぞって形を描く

色画用紙に型紙を当て、鉛筆で形を描く。

5 色画用紙を切る

線にそって、色画用紙を切る。

アレンジアイデア

窓に貼る

窓に散らすように、カボチャを飾ります。

第1章 壁面飾り 秋

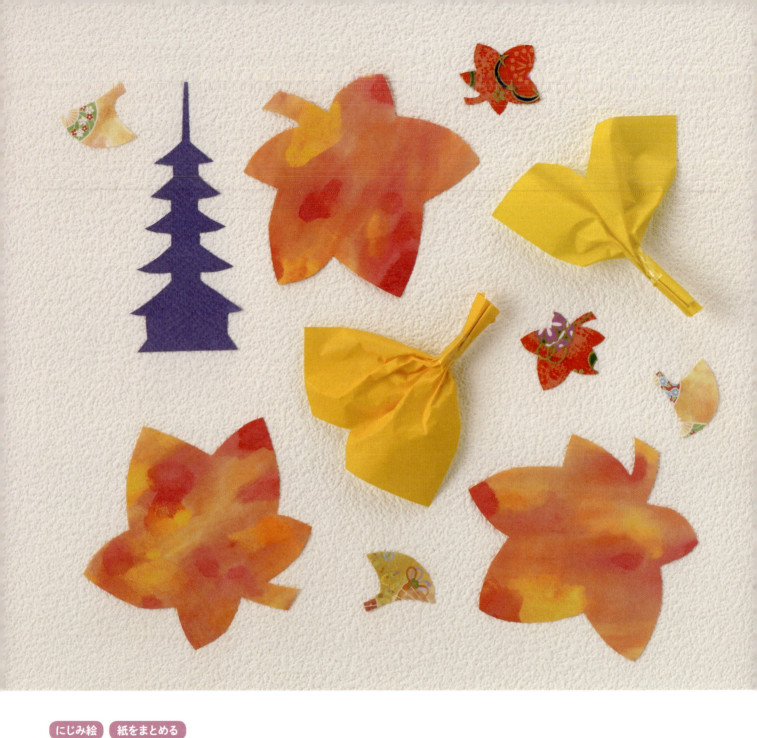

にじみ絵　紙をまとめる

舞い散る秋色の葉

日本の秋を象徴するような風景です。
障子紙に筆でたっぷりと水をつけ
薄く溶いた絵の具をにじませたモミジと、
折り紙を細くまとめたイチョウです。

型紙 P.228

【材料】
障子紙（モミジ）／折り紙（イチョウ：黄色系）／色画用紙（建物：紫、橋：赤・黒、山：青）／千代紙（モミジ・イチョウ）

【道具】
絵の具（赤・黄色・オレンジ）／筆／厚紙（モミジの型紙）／鉛筆／はさみ／セロハンテープ／新聞紙（下敷き用）

第1章 壁面飾り 秋

建物
建物や山は、1色のシルエットで表現し、カラフルな葉っぱを際立たせる。

モミジ・イチョウ
千代紙で作った小さなモミジとイチョウを散らして変化をつける。

橋
手前に橋を配置することで、奥行きが出る。

モミジ

にじみ絵

準備

- 厚紙でモミジの型紙を作る。
- 障子紙を15センチ×20センチ程度に切る。

- 水と、赤や黄色、オレンジの絵の具を容器に入れる。

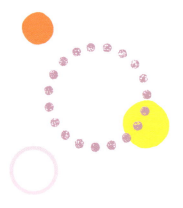

1 障子紙をぬらす

筆にたっぷりと水を吸わせて、端からぬるようにして障子紙をぬらしましょう。

水をつけた筆で障子紙をぬらす。

援助のポイント
障子紙の下には、多めに新聞紙を敷いておきましょう。

2 障子紙に絵の具をぬる

絵の具をつけると、色がまざりながらにじんで広がっていきますね。

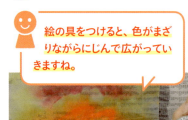

絵の具をつけた筆で障子紙をぬる。絵の具の色を変えて同じようにする。障子紙を乾かす。

援助のポイント
障子紙の白の部分が残らないほうがモミジらしくなります。全面に色がつくように声をかけましょう。

3 型紙をなぞって形を描く

障子紙に型紙を当て、鉛筆で形を描く。

援助のポイント
型紙がずれやすい場合は、マスキングテープや輪にしたセロハンテープで仮どめしましょう。

4 障子紙を切る

線にそって、障子紙を切る。

アレンジアイデア

封筒と組み合わせる

無地の封筒にモミジをあしらいます。裏側に折るように貼っても。

イチョウ　紙をまとめる

準備

- いろいろな黄色の折り紙を並べ、選べるようにする。

① 折り紙を切る

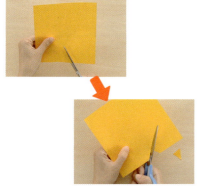

折り紙の下側中央に斜めに切り込みを入れる。反対側からも斜めに切り、V字形に切り取る。

援助のポイント
前もって、職員が切る位置の目安を描いておいてもよいでしょう。

② 折り紙の向きを変える

折り紙を回転させ、上下の向きを逆にする。

③ 折り紙を細くまとめる

折り紙を細くすると軸ができて、イチョウの形らしくなってきましたね。

折り紙の下側を左右からまとめ、細くする。

援助のポイント
どこを作っているのかイメージしやすいよう、職員が作ったものを見ながら取り組めるようにしましょう。

④ テープを巻いてとめる

折り紙の細くした部分にセロハンテープを巻いてとめる。

⑤ 形を整える

セロハンテープでとめた部分の近くに、裏から指を入れて広げ、形を整える。

援助のポイント
指を入れて広げるのが難しい場合は、職員が代わりに行いましょう。

アレンジアイデア

吊るし飾りに

麻ひもに貼るだけで、秋らしい吊るし飾りのできあがり。

第1章　壁面飾り　秋

切り紙　キクの花

折り紙を2枚組み合わせて、
立体的なキクの花を作りましょう。
シンプルな背景で花を引き立てます。

型紙 P.228

【材料】
折り紙・柄入り折り紙（花：黄色系のいろいろな色や柄）／折り紙（葉：黄緑・緑、背景：青）／千代紙（背景）／色画用紙（背景：ピンク）

【道具】
鉛筆／厚紙（花の型紙）／はさみ／セロハンテープ

背景　折り紙と千代紙を交互に規則的に並べてあしらう。

キク　傾けずにまっすぐに貼ると、キクの花らしくなる。

葉　緑と黄緑をまぜ、左右ランダムに貼る。

キク　切り紙

準備

- 厚紙で花の型紙を作る。
- いろいろな黄色の折り紙や柄入り折り紙を並べ、選べるようにする。

❶ 折り紙を重ねる

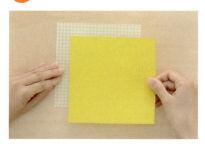

折り紙や柄入り折り紙を色面を上にし、2枚重ねる。

❷ 折り紙を折る

折り紙を重ねたまま、半分に折る。

援助のポイント
折り紙がずれる場合には、1枚ずつ折ってから重ねてもよいでしょう。

❸ 折り紙をテープで貼る

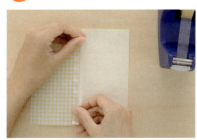

折り紙を1枚だけ開き、中央の重なっている部分をセロハンテープで貼って2枚をつなぐ。

援助のポイント
紙を押さえる役、セロハンテープを貼る役のどちらかを職員と分担してもよいでしょう。

❹ 型紙をなぞって形を描く

折り紙に型紙を当て、鉛筆で形を描く。

キクの花の形は、複雑な形の型紙を使用してもよい。

援助のポイント
型紙はどちらか好きな形を使えるよう、両方用意して選べるようにしてもよいでしょう。

❺ 折り紙を切る

線にそって、折り紙を切る。

❻ 折り紙を開く

切った紙を左右に開くと、キクの花が出てきましたね。

切った折り紙を開き、形を整える。

第1章　壁面飾り　秋

スタンプ どんぐりころころ

色画用紙の台紙に綿棒で模様をつけ、
かわいいどんぐりを作りましょう。
五線譜のあしらいが絵柄をまとめます。

型紙 P.229

【材料】
色画用紙（どんぐり：茶色系、音符・記号：いろいろな色、背景：水色）

【道具】
インクパッド（白・青・金・緑）／綿棒／色鉛筆（青・紫・緑）

記号
五線譜の上に貼り、楽譜の雰囲気を出す。

五線譜
色鉛筆でゆるやかな曲線になるように描く。

音符
いろいろな色や形の音符を散らして、アクセントに。

どんぐり 　スタンプ

準備

- 色画用紙をどんぐりの形に切る。
- いろいろな色のインクパッドを並べる。

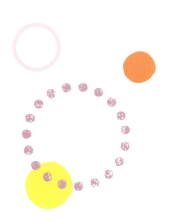

① 色画用紙に綿棒で描く

> いろいろな色のインクでどんぐりにおしゃれをさせていきましょう。

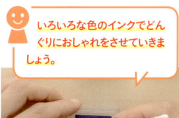

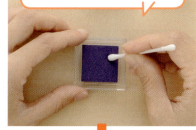

インクをつけた綿棒で色画用紙の上のほうに点を描く。

② インクの色を変えて色画用紙に綿棒で描く

インクの色を変えて、同じようにする。

色画用紙の下のほうにも点を描く。

援助のポイント
インクの色がまざらないよう、インクパッドごとに綿棒を用意しておきましょう。

アレンジアイデア

台紙に貼ってコースターに

丸い色画用紙に貼ると、コースターとして楽しめます。黄緑やオレンジなど明るい色を合わせるのがポイント。

第1章　壁面飾り　秋

WINTER 冬

ペンで描く　丸める　毛糸を巻く　紙を貼る

きらめく
クリスマスツリー

アルミホイルや毛糸で
おめかしさせるクリスマスツリー。
クリスマスの雰囲気を演出します。

型紙 P.229

【材料】
色画用紙（ツリー：緑・茶色・黄色、星の台紙：黄色、家：ピンク・茶色・黄色、空：青）／画用紙（星の台紙、家、雪原）／キラキラ折り紙（星：白・水色）／毛糸（ツリーの飾り：いろいろな色）／アルミホイル（ツリーの飾り）

【道具】
油性ペン（いろいろな色）／のり／両面テープ／セロハンテープ

星 キラキラ折り紙で作った小さな星（158ページ参照）を加えてにぎやかな印象にする。

ツリー 雪原にバランスよく間隔をあけて貼る。

雪原 家を飾って、クリスマスらしい雰囲気に。

クリスマスツリー

ぺンで描く　丸める　毛糸を巻く

準備

- 色画用紙を半円に切り、目安の折りすじをつける。色画用紙を星と幹の形に切る。

- いろいろな色の毛糸を1メートル程度に切る。束にし、半分のところを輪にして輪ゴムでとめる。
- アルミホイルを10センチ×10センチ程度に切る。

1 色画用紙を貼る

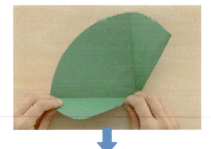

色画用紙の折りすじにそって折り、左右を重ねて貼り、立体にする。

援助のポイント
立体にする方法がわかりづらい場合は、職員が大きな紙で実演して視覚的に伝えましょう。

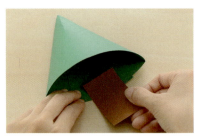

色画用紙のふくらみの内側に、幹の色画用紙を貼る。

2 アルミホイルを丸める

アルミホイルを大まかに丸め、手のひらで転がして丸くする。

3 アルミホイルをペンでぬる

アルミホイルを使ってクリスマスツリーにつける飾りを作りましょう。

アルミホイルの表面を油性ペンでぬる。

4 アルミホイルで包む

色をぬったアルミホイルで丸めたアルミホイルを包む。

5 アルミホイルを色画用紙に貼る

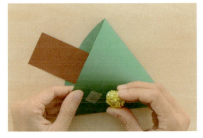

丸めたアルミホイルを色画用紙に両面テープで貼る。

援助のポイント
両面テープを色画用紙につけ、はくり紙をはがすのは職員が行いましょう。

6 毛糸を引き出す

毛糸の束から好きな色の毛糸を選び、引っ張って取り出す。

援助のポイント
毛糸を取り出しづらい場合は、職員が毛糸の束を押さえる役を担当しましょう。

7 毛糸を巻く

> アルミホイルに引っかけるように、毛糸を巻いてツリーを飾りましょう。

裏側に先端をセロハンテープでとめ、毛糸を色画用紙に巻く。巻き終わったら、端を同様にして裏側にとめる。

8 色画用紙を貼る

星の色画用紙をツリーの先に貼る。

星　　紙を貼る

準備

- 黄色の色画用紙と画用紙を直径4センチ程度の丸に切る。

- 白や水色のキラキラ折り紙を一辺3〜4センチ程度の三角に切る。

1 キラキラ折り紙を貼る

> 三角形を5枚貼ると、星の形になりますよ。白と水色を自由に組み合わせましょう。

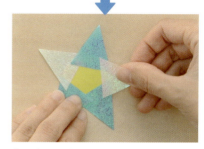

丸い色画用紙や画用紙に、三角のキラキラ折り紙を貼る。

援助のポイント
台紙の黄色と白、三角形の白と水色、それぞれの組み合わせを楽しめるように声をかけましょう。

アレンジアイデア

窓の上下に間をあけて飾る

窓の上のほうに星を、真ん中をあけて下のほうにクリスマスツリーを貼ります。部屋全体がクリスマスの雰囲気に。

第1章 壁面飾り 冬

切り紙 クリスマスリース

キラキラ折り紙を飾って作るリースが
クリスマスに向けて部屋を華やかに彩ります。
丸めた綿で雪のあしらいをプラスして。

型紙 P.230

【材料】
色画用紙（リースの台紙：クリーム色、ヒイラギ：緑・黄緑・赤、星：黄色、背景：藤色）／キラキラ折り紙（飾り：いろいろな色、雪：水色）／リボン（赤・水色）／キラキラテープ（雪の結晶：金・銀）／綿

【道具】
厚紙（リース・葉の型紙）／鉛筆／はさみ／のり／木工用接着剤／セロハンテープ

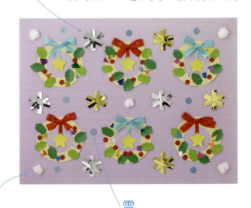

雪の結晶 半分に折って折りすじをつけた金と銀のキラキラテープを3本ずつ組み合わせる。

雪 綿をぎゅっと丸め、ところどころに散らして貼る。

雪 丸く切ったキラキラ折り紙をリースの間にあしらう。

リース 切り紙

準備

- 色画用紙を星の形と、丸に切る。

- 厚紙で葉とリースの型紙を作る。

- キラキラ折り紙を三角や四角に切る。

1 色画用紙を折る

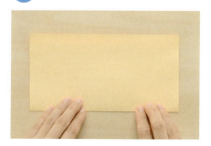

色画用紙を半分に折る。

2 型紙をなぞって形を描く

色画用紙に型紙を当て、鉛筆で形を描く。

3 色画用紙を切る

線にそって、色画用紙を切る。

援助のポイント
切る位置がずれると、リースの輪が切れてしまうので見守りましょう。

4 色画用紙を折り型紙をなぞって形を描く

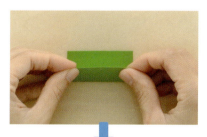

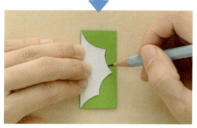

色画用紙を半分に折り、型紙を当てて鉛筆で形を描く。

5 色画用紙を切る

線にそって、色画用紙を切る。

6 リボンを貼る

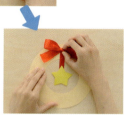

星の色画用紙の裏に、リボンをセロハンテープで貼る。それをリースの色画用紙に木工用接着剤で貼る。

7 色画用紙やキラキラ折り紙を貼る

> ヒイラギの葉や赤い実、キラキラした紙でリースを飾っていきましょう。

葉や実の色画用紙やキラキラ折り紙をリースの色画用紙に貼る。

ステンシル ちぎる 真っ赤な椿

型の上からタンポを押して椿を作ります。
型を外すと浮かび上がる繊細な花に
できあがりの喜びもひとしおです。

型紙 P.230

【材料】
画用紙（花）／折り紙（花芯：黄色・オレンジ、葉：緑系）／千代紙（花の台紙・飾り：いろいろな柄）／色画用紙（背景：オレンジ、黄緑）

【道具】
クリアファイル（花の型）／タンポ（ガーゼ、輪ゴム）／絵の具（赤）／はさみ／のり／新聞紙（下敷き用）

背景 細長く切った色画用紙を等間隔で貼ることで、まとまりを出す。

飾り いろいろな柄の千代紙を大小の四角に切って散らすと、和の雰囲気になる。

椿

`ステンシル` `ちぎる`

準備

- 千代紙を花の台紙の形に切る。
- 黄色の折り紙を2センチ×3センチ程度に切る。

- クリアファイルを花の形に切り抜き、型を作る。
- 丸めたガーゼをガーゼで包んで輪ゴムでとめ、タンポを作る。

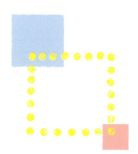

- 赤の絵の具を容器に入れる。

---

1 型の上からタンポを押す

画用紙の上にクリアファイルの型を重ね、上から絵の具をつけたタンポを押す。

> **援助のポイント**
> クリアファイルが扱いづらい場合は、職員が型を置いたり、押さえたりしましょう。

💬 型を外してみると、椿の花が浮かび上がりましたね。

クリアファイルの型を外す。

2 画用紙を切る

花のまわりに余白をつけて切る。

---

3 折り紙をちぎって貼る

折り紙を途中まで細くちぎり、花の画用紙の中央に貼る。

4 折り紙をちぎる

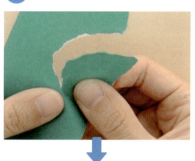

折り紙を葉の形にちぎり、花の画用紙の裏に貼る。

5 千代紙に貼る

画用紙を花の台紙の千代紙に貼る。

第1章 壁面飾り　冬

ステンシル 包む ちぎる

新年を迎える羽子板

富士山に初日の出をあしらった羽子板で
晴れやかに新年を迎えましょう。
千代紙の羽根や松竹梅をプラスして
お正月らしさあふれる壁面飾りです。

型紙 P.231

【 材料 】

色画用紙（羽子板：青・紺・藤色・茶色・赤、松：緑、竹：黄緑、梅：ピンク、背景：クリーム色）／半紙（文字）／キラキラ折り紙（文字の台紙：金）／折り紙（羽根：黒）／千代紙（羽根：いろいろな柄）／ペットボトルのふた（羽根）

【 道具 】

絵の具（白）／タンポ（割りばし、スポンジ、輪ゴム）／厚紙（富士山の型紙）／筆ペンまたは書道道具／のり／新聞紙（下敷き用）

第1章 壁面飾り 冬

松竹梅
色画用紙を切った松竹梅をあしらい、お正月の印象に。

羽子板
ランダムに傾きをつけながら貼り、変化をつける。

羽根
羽根は中央だけを貼り、左右を浮かせる。

103

羽子板 ステンシル

準備

● 厚紙で富士山の型紙を作る。

● 割りばしに薄いスポンジを巻いて輪ゴムでとめ、タンポを作る。
● 白の絵の具を容器に入れる。

● 色画用紙を羽子板と持ち手の形、丸に切る。半紙とキラキラ折り紙を重ねて貼る。

1 型紙の上から色画用紙にタンポを押す

羽子板の色画用紙に型紙を重ねる。

援助のポイント
型紙を輪にしたセロハンテープやマスキングテープで仮どめしてもよいでしょう。

😊 富士山に白い雪が積もっていくイメージで、タンポを押してみましょう。

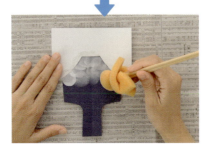

型紙の上から色画用紙に絵の具をつけたタンポを押す。

型紙を外す。

2 文字を書く

キラキラ折り紙に貼った半紙に、筆ペンなどで「賀正」の文字を書く。

3 色画用紙に貼る

持ち手と太陽の色画用紙、文字の紙を羽子板の色画用紙に貼る。

羽根

`包む` `ちぎる`

準備

● いろいろな柄の千代紙を並べ、選べるようにする。

1 ふたを折り紙で包む

> 折り紙の真ん中にふたを置いて、ギュッと指で押し込むように包みましょう。

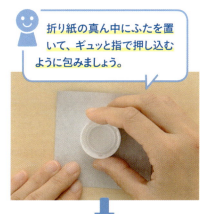

折り紙の白面の中央にペットボトルのふたを置き、折り紙をふたに折り込んで包む。

援助のポイント
ふたを回しながら、内側に親指で押し込むようにすると包みやすくなります。

2 千代紙を折る

千代紙を半分に折る。

3 千代紙をちぎる

千代紙を羽根の形にちぎる。同じようにして3枚作る。

援助のポイント
自由にちぎって形を作るのが難しい場合は、職員が目安の線を引いておきましょう。

アレンジアイデア

扇形の台紙と組み合わせる

扇形のカラー工作用紙に、羽子板と羽根を貼ります。羽子板をはみ出すように配置するのがポイントです。

ちぎり貼り　お正月の凧あげ

空高くあがる色とりどりの奴凧の姿を、
ちぎり貼りで表現してみましょう。
昔ながらのお正月あそびの風景に会話も弾みます。

型紙 P.231

【材料】
色画用紙（凧：クリーム色・赤・青・緑・紫、雲：水色）／折り紙・千代紙（凧：いろいろな色や柄）／キラキラテープ（凧：いろいろな色）／紙テープ（風：水色）／たこ糸

【道具】
のり／セロハンテープ／ペン（黒）

風　紙テープをひねって貼ったり、中央を浮かせて貼ったりする。

糸　凧の裏側につけたたこ糸をまっすぐに貼ると、凧あげらしくなる。

凧

ちぎり貼り

準備

- 色画用紙を凧の形に切り、土台の紙を折る。

- いろいろな折り紙や千代紙を並べ、選べるようにする。

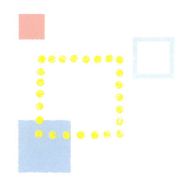

1 色画用紙を貼る

凧の土台の紙に色画用紙をはさんで貼ります。貼る高さに気をつけましょう。

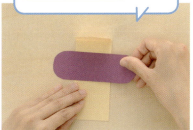

土台の色画用紙に、楕円の色画用紙をはさんで貼る。

援助のポイント
貼る位置の見当をつけづらい場合は、前もって職員が目安の線を引いておきます。

2 紙をちぎる

折り紙や千代紙を小さくちぎる。

援助のポイント
いろいろな色や柄を組み合わせられるよう、ちぎった紙は種類ごとに容器に分けておきましょう。

3 紙を貼る

凧にいろいろな紙を貼りましょう。お正月らしい感じになりますね。

土台の色画用紙にちぎった折り紙や千代紙を貼る。

4 ペンで描く

色画用紙にペンで髪の毛や表情を描く。

5 キラキラテープを貼る

土台の色画用紙の裏に、キラキラテープをセロハンテープで貼る。

第1章 壁面飾り 冬

切って貼る 水辺のスイセン

白と黄色の紙テープで、スイセンを作ります。
黄色の紙テープを丸めた立体的な花芯で
ぐんとスイセンらしく仕上がります。

型紙 P.232

材料
紙テープ（花：白・黄色）／色画用紙（葉：黄緑・緑、茎：黄緑、飾り：赤・紫）／色画用紙・千代紙（台紙：いろいろな色）／キラキラ折り紙（飾り：金）／スズランテープ（背景：黄色・水色・緑）

道具
はさみ／のり

背景 黄色と水色、緑のスズランテープをところどころ重ねながら貼る。

飾り 小さく切った赤と紫の色画用紙と金のキラキラ折り紙を散らす。

スイセン 切って貼る

準備

- 白の紙テープを4センチ程度に1枚、6センチ程度に6枚、黄色の紙テープを10センチ程度に切る。

- 色画用紙を茎と葉の形に切る。

- 千代紙を細長く切る。

1 千代紙を貼る

色画用紙の2辺に、幅の半分を目安に重ねて細長い千代紙を貼る。

2 色画用紙を貼る

1の色画用紙を裏返す。茎と葉の色画用紙を台紙の色画用紙に貼る。

援助のポイント
最初に真ん中の茎→左右の両端の葉→間を埋めるという順で貼ると、取り組みやすいです。

3 紙テープを切る

白の長い紙テープの先端を丸く切る。同じように6枚を切る。短い紙テープをつぼみの形に切る。

4 紙テープを貼る

白の紙テープで花びらをつけましょう。まっすぐ貼ると、スイセンらしくなりますよ。

紙テープを色画用紙に貼る。

5 紙テープを輪にする

黄色の紙テープの両端の角を合わせて貼り、貼った部分を裏に折る。

6 紙テープを貼る

黄色の紙テープを白の紙テープの中央に貼る。

第1章 壁面飾り 冬

109

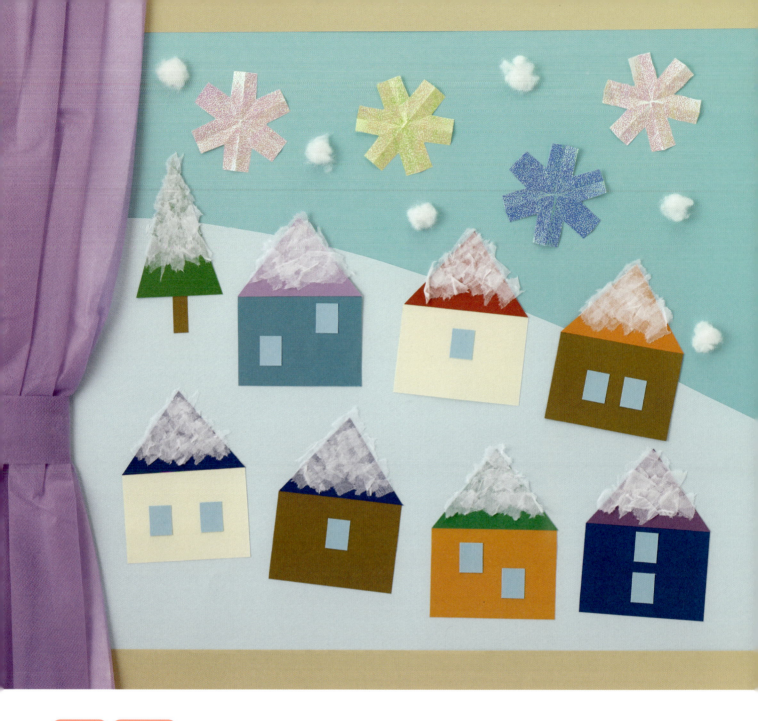

切り紙　ちぎり貼り

窓の外の雪景色

ネコたちの視線の先に広がる雪景色には、
キラキラ折り紙の切り紙で雪の結晶を降らせます。
家や木に白のお花紙をちぎって貼ると、
まるで本物の雪が積もっているよう。

型紙 P.232

材料
お花紙（雪：白）／色画用紙（家：いろいろな色、木：緑・黄土色・茶色、ネコ：灰色・黒・黄土色、窓枠：薄茶色、空：水色、丘：水色系）／画用紙（ネコ、カーテンの台紙）／キラキラ折り紙（雪の結晶：白・黄色・水色）／綿（雪）／ラッピング用不織布（カーテン：紫）

道具
鉛筆／はさみ／のり／厚紙（雪の結晶の型紙）

第1章 壁面飾り 冬

窓
細長く切った色画用紙の窓枠の中に貼ることで、作品にまとまりが出る。

背景
同系色の空や丘に少しずつ色の差をつけると、奥行きが感じられる。

雪
綿を丸めたものをあしらう。

カーテン
ラッピング用の不織布を台紙の画用紙にドレープを寄せながら巻いて貼る。

雪の結晶

準備

- いろいろな色のキラキラ折り紙を並べ、選べるようにする。
- 厚紙で雪の結晶の型紙を作る。

1 折り紙を折る

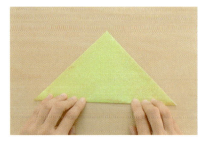

キラキラ折り紙を半分に折る。

> 三角の左右の角を交差させるイメージで上へと折りましょう。

3分の1を目安に、右側を左へと折り上げ、同じようにして左側を右へと折り上げる。

援助のポイント

折るところがわかりづらい場合は、職員が折る目安の線をつけましょう。

2 型紙をなぞって線を引く

キラキラ折り紙に型紙を当て、鉛筆で線を引く。

3 折り紙を切る

線にそって、キラキラ折り紙を切る。

4 折り紙を開く

> そっと開くと、雪の結晶ができあがっていましたね。

キラキラ折り紙を開く。

家・木

ちぎり貼り

準備

- 色画用紙を切って貼り合わせ、家と木を作る。

① お花紙をちぎる

お花紙を細長くちぎる。

援助のポイント
お花紙には、紙の目でちぎりやすい向きがあるので、声をかけましょう。

細長くちぎったお花紙を小さくちぎる。

② お花紙を貼る

家の屋根に雪が積もっているような感じで、白のお花紙を貼りましょう。

家の色画用紙の屋根に、ちぎったお花紙を貼る。

援助のポイント
ちぎりにくい場合は、白のお花紙の代わりに綿を広げて貼ってもよいでしょう。

屋根全体に、ちぎったお花紙を貼る。

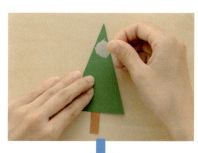

木の色画用紙に、ちぎったお花紙を貼る。

アレンジアイデア

箱の前後に貼って飾る

空き箱の側面に家や木を貼って飾ります。後ろ側の面にも貼ると、奥行きが出ます。

第1章 壁面飾り 冬

切り紙 バレンタインデー

色とりどりのハートを飾りましょう。
大きさの違いや柄の組み合わせで
オリジナルのハートに仕上げます。

型紙 P.233

【材料】
色画用紙（背景のハート：ピンク・赤、文字背景：赤、背景：ピンク）／画用紙（背景のハート、文字）／折り紙・柄入り折り紙（ハート：いろいろな色や柄）／レースペーパー（ハートの台紙）／リボン（いろいろな色や柄）／マスキングテープ（背景：赤・水色）

【道具】
はさみ／のり／厚紙（ハートの型紙）／鉛筆／木工用接着剤

ハート
3色のハートを左右に配置し、カラフルなあしらいを加える。

文字
中央に文字を配置して、行事をわかりやすく伝える。

背景
マスキングテープを並べて貼り、上下にアクセントを。

ハート　　切り紙

準備

- 厚紙でいろいろな大きさのハートの型紙を作る。

- いろいろな折り紙や柄入り折り紙を並べ、選べるようにする。

1 折り紙を折る

折り紙や柄入り折り紙を半分に折る。

2 型紙をなぞって形を描く

折り紙や柄入り折り紙に型紙を当て、鉛筆で形を描く。

援助のポイント
型紙がずれやすい場合は、職員が型紙を押さえながら描きましょう。

3 折り紙を切る

線にそって、折り紙や柄入り折り紙を切る。

4 大きさを変えて作る

同じように、大きさの違うハートを作ってみましょう。

違う折り紙や柄入り折り紙で、型紙の大きさを変えて同じように全部で3点作る。

5 重ねて貼る

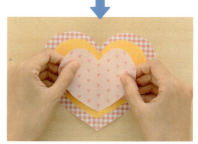

大のハートに中のハートを、その上に小のハートを重ね、真ん中の折りすじ部分だけを貼る。

援助のポイント
大きいもののほうが下にくるように重ねられているかを見守りましょう。

6 レースペーパーに貼る

重ねたハートをレースペーパーに貼る。

7 リボンを貼る

レースペーパーに結んだリボンを木工用接着剤で貼る。

第1章　壁面飾り　冬

丸める 早春を告げる梅

丸めたお花紙で立体的に花を表現。
丸い台紙に、ふっくらさせたお花紙を貼って、
赤と白の花をたくさん咲かせましょう。

型紙 P.233

【材料】
お花紙（花：白・赤、地面：黄緑）／折り紙（花芯：黄色）／画用紙（雲、花の台紙）／色画用紙（花の台紙：赤、木・地面：茶色、鳥・灯籠：黒）

【道具】
はさみ／両面テープ

雲 丸めてしわをつけてから広げた画用紙を貼る。

つぼみ 丸めたお花紙をそのまま貼る。

地面 茶色の色画用紙に、しわをつけながら黄緑のお花紙を重ねる。

灯籠 灯籠や鳥は1色で表現し、紅白の梅を引き立てる。

梅

`丸める`

準備

- 赤の色画用紙と画用紙を直径7センチ程度の丸に切る。
- 折り紙を2センチ×3センチ程度に切る。

1 お花紙を丸める

> お花紙を丸めて、梅の花びらを作りましょう。

お花紙を大まかに丸め、手のひらで転がして丸くする。

2 お花紙を貼る

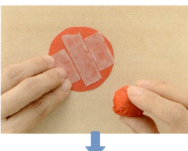

色画用紙や画用紙の台紙に、丸めたお花紙を5点両面テープで貼る。

援助のポイント
両面テープは扱いづらいので、はくり紙は職員がはがしましょう。

3 折り紙に切り込みを入れる

折り紙に途中まで細く切り込みを入れる。

4 折り紙を折る

折り紙の左右を折り、下の部分を裏に折る。

5 折り紙を貼る

色画用紙や画用紙の台紙の中央に、折り紙を貼る。

援助のポイント
先に折り紙の花芯を貼ってから、周りにお花紙の花びらを貼ってもよいでしょう。

アレンジアイデア

色紙に貼る

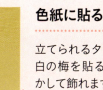

立てられるタイプの色紙に紅白の梅を貼ると、立体感を生かして飾れます。

第1章 壁面飾り 冬

こんなときどうする？ Q&A

Q レクリエーションに参加しようとしない人には？

製作のレクリエーションに参加しようとされない方がいらっしゃいます。その都度、声をかけてみますが、乗り気ではないようです。どうすれば、製作に興味をもって参加してもらえますか？

A 失敗を避けたい気持ちに配慮する

製作への興味には、作品の美しさや作りごたえがある、満足のいく出来栄えになるかという点が重要です。その反面、作り方を難しすぎると感じると、手を出しづらくなる場合があります。

以前はできたことなのにできると思えない、他の人より見劣りするのではないかと、失敗を恐れる気持ちが強いと、参加意欲がなくなります。まず作りたい気持ちを受け止めながらフォローする、作る時間自体を楽しめるようにするなど、自信がない心情に配慮しましょう。

A 機会を見て参加を呼びかける

作ること全般に興味がないのではなく、そのときのレクリエーションのテーマや作り方に関心がないこともあります。

一度参加を断られたからと声をかけるのをやめてしまわず、違うテーマのもの、新しいジャンルの作り方のものなどの場合に、もう一度誘ってみるのも一案です。

様子を見て、もし関心がありそうなら作っているところを見学することから始めてみるのもよいでしょう。

A 理由によっては無理に誘わない

参加しない理由がレクリエーションの内容にあるのではなく、以前から作ることが好きではないという場合もあります。

配置をする際に意見を求める、色の組み合わせを提案してもらうなど、実際に作らなくもその人にとって参加しやすい形がないかを探してみましょう。

ただし、参加されない理由もさまざまですので、状況に応じて全員を無理に誘わなくてもよいでしょう。

第2章

季節の飾り・日用品を作ろう

作るプロセスを楽しめるのはもちろん、
部屋に飾ったり実際に使ったりできるものばかりです。
生活に取り入れることで、
できあがりの達成感を味わえます。

SPRING 春

POINT
トイレットペーパー芯の形を活用して、おひなさまの土台にします。

POINT
千代紙と同系色の折り紙を合わせると、より着物らしい雰囲気になります。

芯材が土台に変身！
おひなさまの置き飾り

トイレットペーパー芯に折り紙と千代紙を巻いて作ります。手作りおひなさまを飾って桃の節句を迎えましょう。

型紙 P.234

【材料】
トイレットペーパー芯（土台）／折り紙（男びな：緑や青など、女びな：赤やピンクなど、えぼし・しゃく：黒）／千代紙（いろいろな柄）／キラキラ折り紙（冠・扇：金色）／クリップ

【道具】
のり／ペン（黒）

準備

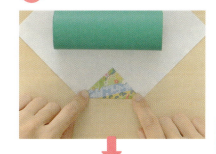

- いろいろな柄の千代紙を並べ、選べるようにする。
- 折り紙やキラキラ折り紙をえぼしやしゃく、冠や扇の形に切る。

1 折り紙を芯に巻いて貼る

> 折り紙の真ん中よりも少し下側に芯を置くと、巻きやすくなりますよ。

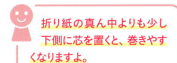

折り紙の白面に芯を置き、折り紙で芯を巻く。折り紙の両端を芯の中に折り込み、クリップでとめる。

2 折り紙などを貼る

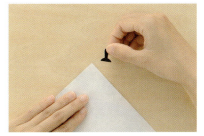

千代紙の白面の角に、折り紙のえぼしやキラキラ折り紙の冠を貼る。

3 ペンで描く

えぼしや冠の下に、ペンで顔を描く。

援助のポイント
顔の位置が下になりすぎると、千代紙を貼ったときに隠れてしまうので声をかけましょう。

4 芯を千代紙に置く

千代紙の中央に折り紙を巻いた芯を置く。

5 千代紙を芯に巻いて貼る

千代紙の手前の角を折る。千代紙で芯を巻いて貼る。

援助のポイント
千代紙を貼るときに芯がずれてしまう場合には、職員が芯を押さえるようにしましょう。

千代紙の両端を芯の中に折り込む。しゃくや扇を貼る。

プラスアイデア

赤の色画用紙の上に作品をのせて飾ると、ひな祭りの雰囲気がアップします。

第2章 飾り・日用品 春

色と形を組み合わせて
スタンプのコースター

消しゴムスタンプを押した紙に
千代紙でふちどりをします。
インクの色とスタンプの形を
組み合わせるのを楽しみましょう。

【材料】
色画用紙（台紙：クリーム色）／千代紙（いろいろな柄）

【道具】
スタンプ（消しゴム、ペットボトルのふた）／インクパッド（いろいろな色）／のり

POINT
スタンプの三角や四角を組み合わせて、花などの形にしても楽しめます。

POINT
長く使いたい場合には、ラミネート加工をしたり、ブックコートフィルムを貼ったりしましょう。

準備

- 三角や四角に切った消しゴムを2点つなぎ合わせたペットボトルのふたに両面テープで貼る。
- いろいろな色のインクパッドを用意する。

- いろいろな柄の千代紙を並べ、選べるようにする。
- 色画用紙を10.6センチ×10.6センチに切る。

1 スタンプを押す

> 色画用紙にギュッと押しつけるようにすると、スタンプの形がきれいに写りますよ。

スタンプにインクをつけ、色画用紙に押す。スタンプの形やインクの色を変えながら全体に模様をつける。

2 千代紙を折る

千代紙を半分に折る。

さらに半分に折るのを3回繰り返す。

援助のポイント

折り進めていくと重なる枚数が多くなり折りづらくなります。指先に力が入りにくい場合は、職員が代わりに折りましょう。

3 色画用紙を貼る

千代紙を開き、折りすじを目安にして中央に色画用紙を貼る。

4 千代紙を折って貼る

千代紙の角を色画用紙に合わせて折り、折りすじをつける。

> さっきつけた折り目のところまで折りましょう。

千代紙の角を折りすじを目安に折る。

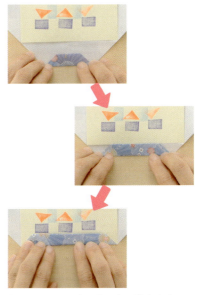

折りすじを目安に順番に巻くように2回折り、3回目に色画用紙に貼る。残りの3ヵ所も同様にする。

援助のポイント

折りすじをつけるのが難しい場合には、職員が目安の線を鉛筆などで引くとよいでしょう。

POINT カラー工作用紙の切り込みに、たこ糸を引っかけ、空にあがるこいのぼりのように飾ります。

POINT 台紙の四隅にマスキングテープを貼り、彩りを加えます。

色の変化にびっくり！
にじみ絵のこいのぼり

コーヒーフィルターを活用したこいのぼりです。
2色のペンがにじんでまざり、偶然できる模様が素敵！

型紙 P.234

【材料】
コーヒーフィルター(こいのぼり)／カラー工作用紙(台紙：青)／色画用紙(真鯉：黄緑、緋鯉：オレンジ、ひげ：黄色)／丸シール(目：白)／たこ糸／マスキングテープ

【道具】
水性ペン(緑・水色・ピンク・オレンジなど)／ペン(黒)／霧吹き／はさみ／のり／セロハンテープ／新聞紙(下敷き用)

準備

- カラー工作用紙を菱形に切り、切り込みを入れる。

- マスキングテープをシール台紙などに貼り、扱いやすくする。
- 色画用紙を顔やひげの形に切る。

1 フィルターにペンで描く

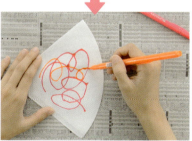

コーヒーフィルターにペンで描き、ペンの色を変えて繰り返す。

援助のポイント
ペンは必ず水性のものを使用し、色がまざってもにごらない組み合わせを用意しましょう。

2 水でにじませる

色がまざって、おもしろい模様が出てきましたね。

霧吹きで水をかけ、ペンをにじませる。コーヒーフィルターを乾かす。

3 フィルターを折る

フィルターの端を斜めに折る。上下を逆にし、反対側の端も同様にする。

援助のポイント
フィルターの表裏で模様の出方が違うので、どちらを作品の正面にするのか相談しましょう。

4 フィルターを切る

フィルターの端を、くぼみをつけて尾の形に切る。

5 色画用紙とシールを貼る

フィルターに色画用紙の顔を貼り、丸シールの目を貼る。丸シールにペンで黒目を書き、色画用紙のひげを貼る。

6 カラー工作用紙にたこ糸をつける

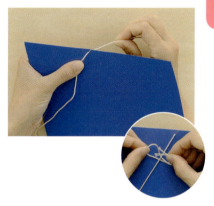

職員がカラー工作用紙の切り込みに、たこ糸を引っかけ裏をセロハンテープでとめる。輪にしたたこ糸を通してつけ、こいのぼりを貼る。

7 マスキングテープを貼る

カラー工作用紙の四隅に、マスキングテープを貼る。

第2章 飾り・日用品 春

SUMMER 夏

POINT はぎれの代わりに、画用紙などよりコシが強い和紙を使っても作れます。

POINT かわいい柄や落ち着いた柄など、はぎれの種類を豊富に用意しておきましょう。

身近な素材で作ろう

貝がらマグネット

貝がらに好みのはぎれを貼って、マグネットに変身させましょう。作ったものを実際に使えるのも制作への意欲につながります。

【材料】
貝がら（アサリをきれいに洗ったもの）／はぎれ／軽量粘土／マグネットシート

【道具】
木工用接着剤／はさみ／クッキングシート（下敷き用）

> **準備**

- はぎれを6センチ×8センチ程度に切る。いろいろな柄を並べ、選べるようにする。
- マグネットシートを1センチ×2センチ程度に切る。
- 作るスペースに、クッキングシートを敷く。

1 布を貝がらに貼る

貝がらの外側に木工用接着剤をつける。

> **援助のポイント**
> 木工用接着剤が扱いづらい場合は、容器や紙に出したものとヘラを用意しましょう。

> お好きな布を選んでください。貝がらが見えなくなるよう、包みましょう。

布を貝がらに貼る。

貝がらから出ている布の余りを、貝がらよりひと回り大きく切る。

> **援助のポイント**
> 貝がらギリギリに布を小さく切りすぎると折り込みにくくなるので気をつけましょう。

布を貝がらの内側に折り込み、木工用接着剤で貼る。

> 違う布を重ねても、華やかになりますよ。柄と無地の組み合わせも素敵ですね。

柄を組み合わせたい場合は、上から重ねて同じように布を貼る。

> **援助のポイント**
> 上から重ねるための布は、ピンキングばさみで切っておくと、アクセントになります。

2 貝がらに粘土を詰める

> 最初に手のひらで丸めておくと、詰めやすくなりますよ。

丸めた軽量粘土を貝がらに詰め、平らになるよう指で押さえる。

3 マグネットシートを貼る

乾いたら、軽量粘土にマグネットシートを木工用接着剤で貼る。

> **プラスアイデア**

冷蔵庫やホワイトボードに、メモやレシートなどをとめるのに役立ちます。

POINT クラフトパンチの星をあしらうと、七夕らしくなります。

POINT 折り目をつけてから、ふんわりと重ねて貼ると、立体的になります。

健康ですごせますよう

夫婦仲良く　良男

柄選びが楽しい！
千代紙着物の織姫・彦星

千代紙と折り紙を重ねて、着物の襟の雰囲気を出します。ニッコリ笑顔の織姫・彦星が七夕の願い事を彩ります。

型紙 P.234

【材料】
千代紙（彦星：青系、織姫：ピンク系）／折り紙（着物：ピンク・黄緑、短冊：ピンク・水色）／色画用紙（星：黄色）／たこ糸

【道具】
クラフトパンチ（星形）／のり／色鉛筆（黒・赤・オレンジ）／筆ペンまたは書道道具／セロハンテープ／新聞紙（下敷き用）

準備

- いろいろな柄の千代紙を4分の1に切って並べ、選べるようにする。
- 着物の折り紙を5センチ×5センチ程度に、短冊の折り紙を15センチ×4.5センチ程度に切る。
- 色画用紙をクラフトパンチで星形に抜く(型紙で作っても)。

1 千代紙と折り紙を貼る

> 千代紙をずらして貼ると、折ったときに着物の襟のようになりますよ。

折り紙と千代紙をずらして重ねて貼る。

2 色鉛筆で描く

折り紙の白面の角に、色鉛筆で顔を描く。

3 千代紙と折り紙を折る

向かって左側から斜めに軽く折り、中央で重なるよう右側も斜めに折る。重なりを貼り合わせる。

援助のポイント
先に右側から折ると、着物の合わせが逆になってしまうので見守りましょう。

4 色画用紙を貼る

色画用紙の星を左右の合わせ目に貼る。

5 願い事を書く

折り紙の短冊に筆ペンなどで願い事を書き、織姫や彦星の裏に貼る。

6 たこ糸をつける

織姫や彦星の裏に、たこ糸をセロハンテープでつける。

第2章 飾り・日用品 夏

涼しげな柄が夏にぴったり
切り紙で作る魚のうちわ

100円ショップの無地のうちわに切り紙で作った魚を貼るだけ。海の中の世界が広がる夏らしいうちわができあがります。

【材料】
折り紙・柄入り折り紙（青系や緑系などの同系色のいろいろな色や柄のもの）／マスキングテープ／うちわ

【道具】
鉛筆／はさみ／のり

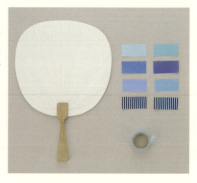

POINT
マスキングテープと折り紙の色をそろえると、まとまりが出ます。

POINT
魚の形に切り取った残りの紙も組み合わせて、配置を楽しみましょう。

準備

- 折り紙や柄入り折り紙を3センチ×6センチ程度（正方形の場合は、5センチ×5センチ程度）に切り、同系色でセットにしておく。

1 紙を二つ折りにする

折り紙や柄入り折り紙を細長く二つ折りにする。

2 紙に形を描く

> 折り目を下にして、こんな形を描いてみてくださいね。

鉛筆で半分の魚の形を描く。

援助のポイント
形をイメージしやすいよう、職員が作ったものを横に置き、見ながら取り組めるようにしましょう。

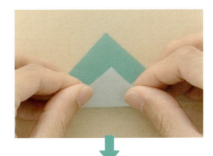

正方形の紙で作る場合は、三角になるよう半分に折り、形を描いてもよい。

援助のポイント
ふくらみをもたせるようなイメージで線を描くと、魚らしい仕上がりになります。

3 紙を切る

> 線に合わせて、少しずつ、はさみを動かしましょう。

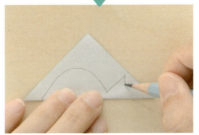

線にそって、切る。

援助のポイント
何点も作るのが難しい場合は、最初に1点作った魚を型紙として、折り紙の上に重ねて切ってもよいでしょう。

4 うちわに紙を貼る

うちわに折り紙や柄入り折り紙の魚を貼る。

折り紙を切らずにそのまま貼ったものに重ね、魚形を切り取った紙を貼ってもよい。

援助のポイント
配置を楽しめるよう、貼る前にいったんうちわに並べてみてから貼るのもよいでしょう。

5 マスキングテープを貼る

うちわの上下にマスキングテープを貼る。

第2章 飾り・日用品 夏

AUTUMN 秋

POINT ストローで穴を開けると、秋らしい葉っぱの雰囲気になります。

POINT 表面だけでなく側面にも模様をつけると、ユニークな仕上がりになります。

POINT 粘土ベラを押し当てるようにしてすじをつけ、葉脈を描きます。

アレンジが広がる
オーブン粘土の箸置き

ヘラで筋をつけたり、ストローで穴を開けたり、自由に作りましょう。本格的な仕上がりでプレゼントとしても喜ばれます。

【材料】
オーブン粘土（強度のあるタイプ）

【道具】
トイレットペーパー芯（抜き型）／粘土ベラ／ストロー／クッキングシート（下敷き用）／オーブン

準備

- 短く切ったトイレットペーパー芯に折り目をつけてつぶし、葉っぱの抜き型を作る。
- 作るスペースに、クッキングシートを敷く。

① 粘土を伸ばす

オーブン粘土を手のひらで丸める。

> 手のひらで机に押しつけるようにすると、**粘土を伸ばしやすいですよ。**

丸めたオーブン粘土を上から押さえ、平らになるように伸ばす。

② 粘土を型で抜く

粘土の上に型を置いて押し、まわりの粘土を取り除く。

援助のポイント
押す力が弱いと、型が下まで届かず粘土が形に抜けなくなります。職員が手を添えて行いましょう。

③ 線を描いたり穴を開けたりする

> 粘土にすじをつけていくと、**だんだん葉っぱらしくなってきましたね。**

粘土ベラで、粘土の中央にまっすぐすじをつけ、左右に斜めのすじをつける。

穴を開ける場合は、粘土にストローを通して粘土を抜く。

粘土の側面に、粘土ベラでくぼみをつけてもよい。

④ 粘土を焼く

使用したオーブン粘土の説明書きに従い、クッキングシートを敷いたオーブンで焼く。

第2章 飾り・日用品 秋

プラスアイデア

強度のあるタイプのオーブン粘土で作るので、毎日の食卓で活躍します。

季節の行事を楽しもう

紙皿で作る酉の市の熊手

福を呼び込むという熊手を紙皿を活用して作ります。思い思いに、ぬり絵や切り紙のパーツを飾りましょう。

型紙 P.234

【材料】
紙皿（土台）／コピー用紙（ぬり絵）／色画用紙（松：黄緑、竹：緑、梅：ピンク）／千代紙（花：いろいろな柄）／包装紙またはクラフト紙（筒）

【道具】
クラフトパンチ（花形）／色鉛筆／はさみ／のり／厚紙（松・竹・梅の型紙）／鉛筆／セロハンテープ

POINT
紙皿ででこぼこを目安にすると、切る位置の目安がつけやすく切りやすいです。

POINT
包装紙の筒をつけることで、立てかけて飾ることもできます。

準備

- 紙皿を上の写真のような形に切る。紙皿のでこぼこにそって切ると、作りやすい。

- 厚紙で松・竹・梅の型紙を作る。
- ぬり絵の絵柄をコピーする。
- 千代紙をクラフトパンチで花形に抜く(型紙で作っても)。

❶ 色鉛筆でぬる

> 色を重ねてぬるのも素敵ですね。

色鉛筆でぬり絵をぬる。

❷ コピー用紙を切る

絵柄の外側を、ひと回り大きく切る。

援助のポイント
細かく切るのが難しい場合、絵柄を囲んで四角などシンプルな形で切りましょう。

❸ 型紙をなぞって形を描く

色画用紙に型紙を当て、鉛筆で形を描く。

❹ 色画用紙を切る

線にそって、色画用紙を切る。

❺ 紙皿に貼る

> 先に松竹梅など背景にくるものを貼ると、バランスを取りやすいですよ。

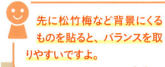

紙皿に色画用紙の松竹梅、千代紙の花やぬり絵を貼る。

援助のポイント
配置を楽しめるよう、貼る前にいったん紙皿に並べてみてから貼るのもよいでしょう。

❻ 包装紙を筒にする

包装紙を筒状に丸め、セロハンテープでとめる。

❼ 紙皿に包装紙の筒を貼る

紙皿の裏に、筒にした包装紙をセロハンテープで貼る。

第2章 飾り・日用品 秋

色の変化を味わって
にじみ絵のランチョンマット

色鮮やかな紅葉を
にじみ絵で楽しんでみましょう。
インクがしみこみやすいよう
ペンをゆっくり進めるのがコツ。

型紙 P.235

【材料】
障子紙（葉）／色画用紙（台紙：ピンク・黄緑など）／キラキラ折り紙（飾り：金色・銀色）／マスキングテープ

【道具】
厚紙（葉の型紙）／鉛筆／水性ペン（赤・ピンク・オレンジ・黄色・緑など）／霧吹き／はさみ／のり／新聞紙（下敷き用）

POINT
台紙の色画用紙は薄い色にすると、にじみ絵が引き立ちます。

POINT
葉っぱの大小や葉っぱの組み合わせを変えても楽しめます。

準備

- 厚紙で葉っぱの型紙を作る。
- 障子紙を8センチ×8センチ程度と、5センチ×5センチ程度に切る。
- 金や銀のキラキラ折り紙を細かく切る。

1 障子紙をペンでぬる

> なるべく白いところが残らないようにぬりましょう。

障子紙をペンでぬる。

ペンの色を変えながら、障子紙全体をぬる。

援助のポイント
ペンをゆっくり進めると、白地が残りにくく、全面に色がつきやすくなります。

2 水でにじませる

> まざったところが、きれいな色になりましたね。

障子紙に霧吹きで水をかけ、ペンをにじませる。障子紙を乾かす。

援助のポイント
ペンの種類や障子紙のタイプによって、にじみ方が違ってきます。事前に職員が確かめておきましょう。

3 障子紙を二つ折りにする

障子紙を三角になるよう半分に折る。

4 型紙をなぞって形を描く

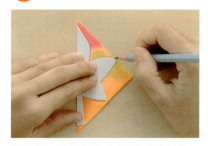

障子紙に型紙を当て、鉛筆で形を描く。

5 障子紙を切る

線にそって、障子紙を切る。

6 マスキングテープを貼る

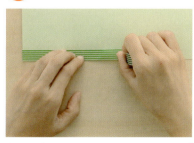

色画用紙の四辺にマスキングテープを貼る。

7 障子紙などを貼る

色画用紙に障子紙の葉っぱを貼り、間にキラキラ折り紙を貼る。

第2章 飾り・日用品 秋

WINTER
冬

POINT
組み合わせを楽しめるよう、いろいろな柄のはぎれやフェルトを用意しましょう。

POINT
柄入り紙皿にレースペーパーを重ね、手軽に華やかな土台を作ります。

配色で個性を発揮！

クリスマスリース

紙皿をはぎれなどで飾りつければ、かわいいリースになります。手作りリースでにぎやかにクリスマスを彩りましょう。

【材料】
色画用紙（ツリー：緑・茶色）／柄入り紙皿（土台）／レースペーパー（台紙）／はぎれ（飾り：いろいろな柄の布やフェルト）／リボン（ピンク、赤）／丸シール（いろいろな色）

【道具】
のり／木工用接着剤／セロハンテープ／両面テープ

準備

- いろいろな柄のはぎれを丸や三角、四角に切って並べ、選べるようにする。
- ピンクのリボンを蝶結びにする。

1 色画用紙を貼り合わせる

💬 緑色の三角を2枚つなげると、クリスマスツリーの形になりますね。

色画用紙の葉っぱ同士を貼り、裏に色画用紙の幹を貼る。

援助のポイント
職員が作品を用意しておくと、どんな形になるか見通しをもって制作に取り組めます。

2 色画用紙にシールを貼る

💬 いろいろな色のシールを重ねると、かわいらしいツリーになりますね。

色画用紙のツリーに丸シールを貼る。

3 紙皿にレースペーパーを貼る

紙皿の中央にレースペーパーを貼る。

4 色画用紙にリボンをつける

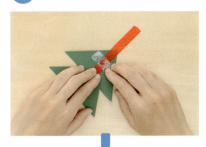

短いリボンの片方の端をツリーの裏に、もう片方を紙皿にセロハンテープで貼る。

5 レースペーパーに布を貼る

はぎれを木工用接着剤でレースペーパーに貼る。

援助のポイント
指先に力が入りにくい場合には、職員が木工用接着剤をつけ、はぎれの配置を楽しみましょう。

6 紙皿にリボンをつける

蝶結びをしたリボンを紙皿に両面テープで貼る。紙皿の裏に、輪にしたリボンをセロハンテープで貼る。

第2章 飾り・日用品 冬

POINT
金と赤のふちどりのようなあしらいで、お正月らしさが加わります。

POINT
千代紙をじゃばら折りにすることで、扇らしい雰囲気になります。

POINT
色画用紙の筒を上下に組み合わせて、掛け軸のように飾ります。

千代紙の扇が華やか

お正月の掛け軸飾り

じゃばらに折った千代紙を
半分に折って立体的な扇にします。
掛け軸のようなあしらいで
お正月らしさがアップします。

【材料】
色画用紙（台紙・筒：紺）／千代紙（扇：いろいろな柄）／折り紙（文字の台紙・飾り：赤）／キラキラ折り紙（文字の台紙：金、飾り：金・銀）／半紙（文字）／ひも

【道具】
両面テープ／のり／筆ペンまたは書道道具／新聞紙（下敷き用）

準備

- キラキラ折り紙と赤の折り紙と半紙を重ねて貼る。

- いろいろな柄の千代紙を並べて、選べるようにする。

- 四つ切りの色画用紙を半分を1枚と4分の1を2枚に切り分ける。4分の1の2枚に両面テープを貼る。

1 千代紙をじゃばらに折る

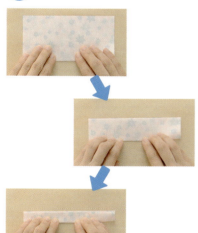

千代紙を半分に折り、さらに半分に、その半分にと3回折る。

援助のポイント

細く折るのが難しい場合、2回折るだけにし、じゃばらの数を減らして作りましょう。

😊 手前から向こう側に折ったら、裏返して次を同じように折りましょう。

折りすじを谷折りと山折りが交互になるよう、折り直す。

援助のポイント

谷折りだけのほうが取り組みやすいので、裏返しながら折るように伝えましょう。

2 千代紙を折って貼る

😊 半分に折ってみると、扇らしい形になってきましたね。

千代紙を半分に折り、中央で貼り合わせる。

3 文字を書く

折り紙に貼った半紙に筆ペンなどで「賀正」の文字を書く。

---

4 色画用紙を丸める

色画用紙を丸めて両面テープの位置でとめる。

援助のポイント

はくり紙は、職員がはがしましょう。紙全体を筒にせず、端を台紙に貼るのりしろとして残すようフォローを。

5 台紙に千代紙などを貼る

台紙の上下に筒ののりしろ部分を、台紙に文字の紙と小さく切った飾りの紙を貼る。扇を両面テープで貼る。

6 筒にひもを通して結ぶ

色画用紙の筒にひもを通し、両端を結ぶ。

第2章 飾り・日用品 冬

和の雰囲気たっぷり
千代紙のお正月箸袋

千代紙と金色の紙でおめでたい雰囲気満点の箸袋に仕上げます。お正月やお祝いごとの食卓を華やかに演出します。

【材料】
千代紙(青系または赤系)／和紙(金)／色画用紙(水色またはピンク)／ひも(青系または赤系)

【道具】
のり／木工用接着剤

POINT
金や銀がまじったひもで華やかな仕上がりになります。

POINT
色画用紙と千代紙、ひもの色の組み合わせをアレンジしても。

準備

- 千代紙を8センチ×8センチ程度、和紙を7センチ×7センチ程度、色画用紙を2センチ×10センチ程度に切る。

1 和紙を貼る

> 下の角と角を重ねて貼りましょう。

千代紙の白面の上に下の角を合わせて和紙を重ねて貼る。

援助のポイント
角と角を合わせるのが難しい場合は、まず辺と辺を合わせましょう。

2 千代紙を折る

向かって左側から千代紙を斜めに折り、向きを変えて同じように右側を折る。裏返し、下を三角に折る。

援助のポイント
真ん中で重なる部分が少ないと袋状にならないので、折る角度や幅を見守りましょう。

3 色画用紙を貼る

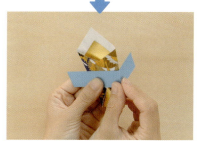

細長い色画用紙を千代紙に重ね、左右を裏に折って貼る。

4 結んだひもをつける

色画用紙の中央に、蝶結びをしたひもを木工用接着剤でつける。

プラスアイデア

新年や毎月の誕生日会など、特別な日の食卓にぴったりです。いろいろな色の千代紙で作っても楽しめます。

第2章 飾り・日用品 冬

FULL YEAR 通年

POINT 組み合わせを楽しめるよう、いろいろな色の材料を用意しましょう。

POINT フェルトは、丸や星など違う形で作っても楽しめます。

テーブルで大活躍！
コンパクトなゴミ入れ

牛乳パックに片段ボールをぐるりと巻いてゴムでとめれば、おしゃれなゴミ入れに。袋が見えないのがポイントです。

型紙 P.235

【材料】
牛乳パック（土台）／ポリ袋／片段ボール（土台：いろいろな色）／輪ゴム／フェルト（花：いろいろな色）／ストロー（ストッパー：いろいろな色）／ゴムひも（ストッパー：いろいろな色）

【道具】
はさみ／セロハンテープ

準備

- 牛乳パックを高さ10.5センチ程度に切る。
- 片段ボールを12センチ×34センチ程度に切る。
- フェルトを花の形に切り、2ヵ所に切り込みを入れる。
- ゴムひもを38センチ程度に切る。
- 牛乳パックの中にポリ袋を入れ、端を折り返す。

1 片段ボールを折る

片段ボールの平らな面を上にして置き、端を1センチ程度折る。

2 片段ボールに輪ゴムをはさんでとめる

片段ボールの折った部分に輪ゴムをはさみ、セロハンテープでとめる。

反対側の端を同じように折って、筒状に丸める。職員が折った部分に輪ゴムをはさんでセロハンテープでとめる。

援助のポイント

筒の内側に手を入れてセロハンテープを貼るのが難しいので、職員が代わりに行いましょう。

3 ストローを切る

ストローを1センチ程度に切る。

4 フェルトにゴムひもを通す

ゴムひもを指先でつまむようにして持つと、フェルトの花に通しやすいですよ。

フェルトの花の切り込みにゴムひもを通す。

ストローにゴムひもを通し、フェルトの反対側の切り込みに通す。ゴムひもの両端を結ぶ。

5 牛乳パックにかぶせる

牛乳パックに筒状になった片段ボールをかぶせ、その上からゴムひもでとめる。

プラスアイデア

ゴムひもと筒状にした片段ボールを外し、中のポリ袋を交換します。

第2章 飾り・日用品 通年

思い出の写真を飾ろう
クリアファイルの写真フレーム

クリアファイルがおしゃれな写真フレームに大変身！自由にマスキングテープを選んで貼るだけなので簡単です。

【材料】
クリアファイル／マスキングテープ／リボン

【道具】
穴開けパンチ／カッター

POINT 切り込みに差し込むだけなので、飾る写真の交換が簡単にできます。

POINT 切り込みを入れる位置を変えれば、はがきサイズのものも飾れます。

準備

- A4サイズのクリアファイルを半分に切り、写真のサイズに合わせて四隅に斜めの切り込みを入れる。

- いろいろな柄のマスキングテープをシール台紙などに貼り、選べるようにする。

1 マスキングテープを貼る

> 好きな柄のテープを選びながら貼ってみましょう。重ねて貼っても素敵ですね。

マスキングテープをクリアファイルに貼る。はみ出た部分は、裏側に折って貼る。

援助のポイント
クリアファイルの四隅の切り込み上にマスキングテープを貼らないよう、声をかけましょう。

2 クリアファイルに穴を開ける

職員がクリアファイルに穴開けパンチで穴を開ける。

3 穴にリボンを通して結ぶ

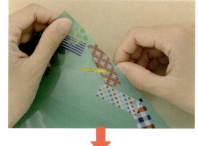

↓

クリアファイルの穴にリボンを通し、端を結ぶ。反対側のリボンの端も、同じようにする。難しい場合は、職員が行う。

4 写真を飾る

クリアファイルの切り込みに写真を差し込む。

プラスアイデア

クリアファイルの向きを変え、短い辺の側に穴を開けてリボンをつけると、縦長タイプのフレームにもできます。

第2章 飾り・日用品 通年

147

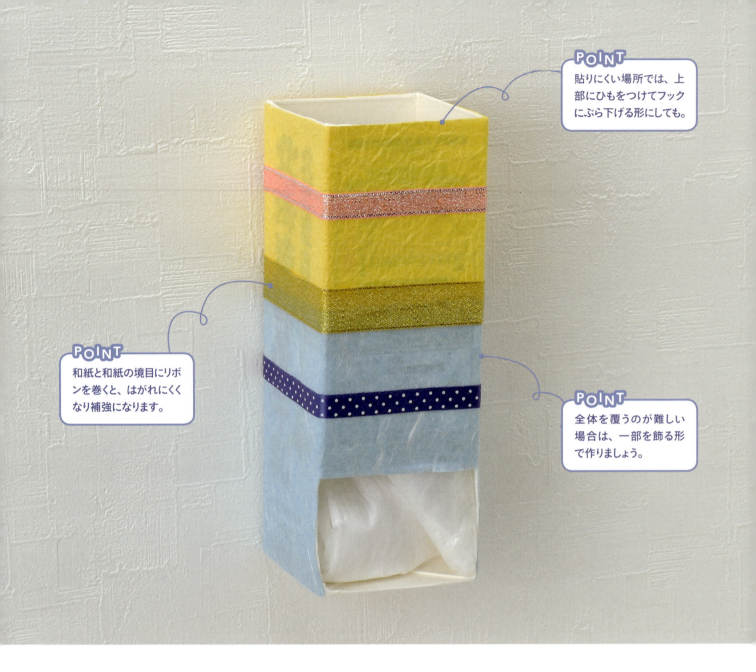

POINT 貼りにくい場所では、上部にひもをつけてフックにぶら下げる形にしても。

POINT 和紙と和紙の境目にリボンを巻くと、はがれにくくなり補強になります。

POINT 全体を覆うのが難しい場合は、一部を飾る形で作りましょう。

袋を出し入れしやすい

牛乳パックの レジ袋入れ

あふれてしまいがちなレジ袋を
収納できる便利グッズです。
土台の牛乳パックを
和紙やリボンで飾りましょう。

【材料】
牛乳パック（土台）／和紙（台紙用：いろいろな色）／リボン（飾り：いろいろな色や太さのもの）

【道具】
両面テープ／木工用接着剤／カッター／はさみ

準備

- 牛乳パックの上を切り取る。
- 和紙やリボンを長さ30センチ程度に切る。

1 牛乳パックに和紙を貼る

牛乳パックの側面に角に合わせて両面テープを貼り、和紙を巻くように貼る。

援助のポイント
両面テープが扱いにくい場合は、職員が牛乳パックを押さえたり、はくり紙をはがしたりしましょう。

2 違う色の和紙を貼る

牛乳パックの白いところが見えなくなるよう、重ねて貼りましょう。

同じようにして、違う色の和紙を牛乳パックに貼る。

3 リボンを巻いて貼る

木工用接着剤をつけたリボンを和紙の上から巻いて貼る。

援助のポイント
リボンがずれる場合は、職員が浮いている部分を押さえるなどのフォローを行いましょう。

4 牛乳パックを切り取る

職員が牛乳パックの側面の下側にカッターで切り込みを入れ、そこからはさみを入れて切る。高さ5センチ程度切り取り、袋の取り出し口を開ける。

第2章 飾り・日用品 通年

プラスアイデア

たたんだレジ袋を上から入れておきます。下の取り出し口から出して使用します。

こんなときどうする？

 どうすればレクリエーションが盛り上がる？

レクリエーションを楽しめるようにと、いろいろ工夫していますが、静かなままで盛り上がりません。
もっと盛り上がるためには、どうすればよいのでしょうか？

 おしゃべりせずに静かでもOK

　作るレクリエーションの場合、静かに取り組んでいるからといって、楽しんでいないとは限りません。

　作ることに集中している場合や、配色やレイアウトを考えている場合もあります。にぎやかな雰囲気という点だけに、こだわりすぎないようにしましょう。

　手が止まって静かな場合には、作り方がわからず戸惑っていることもあるので、様子をよく見るよう心がけましょう。

 隣り合う人の組み合わせに配慮

　同じレクリエーションに参加される方でも、細かな点にこだわってじっくり作りたい人、他の人との会話を楽しみたい人、1人で静かに作りたい人……とさまざまです。

　タイプが異なる人同士の場合、楽しめないこともあります。状況をよく見ておき、同じテーブルにつく人の組み合わせに配慮しましょう。

　全体として盛り上がっているかどうかよりも、それぞれの人が楽しめているかに目を向けることが大切です。

 会話が広がるよう橋わたしする

　あまり顔なじみではない人と、いっしょに作ることもあります。そんなときは、職員が間に入って会話のきっかけになるような話題を提供してみましょう。

　製作中の作品にちなんで、季節の花や食べ物、年中行事などを取り上げるとよいでしょう。なじみのある話題で、お互いのプライバシーに踏み込みすぎず、コミュニケーションが広がる機会になるかもしれません。

施設の飾りを作ろう

施設の玄関や共用スペースにひとつあるだけで、
華やかになる飾りです。
おひなさまや七夕、十五夜にクリスマス、お正月……と
四季折々の飾りで彩りましょう。

毛糸着物のおひなさま

牛乳パックを活用した土台に、毛糸をぐるぐる巻いて作ります。カラフルな毛糸を組み合わせておめかししたおひなさまに。

【材料】
色画用紙／千代紙／キラキラ折り紙／折り紙／毛糸／牛乳パック／丸シール

【道具】
はさみ／両面テープ／ペン／のり／木工用接着剤

型紙 P.235

1 牛乳パックを切り取る

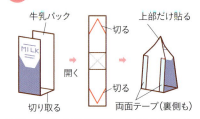

牛乳パックを切り取る。先端を貼り合わせ、左右に両面テープを貼る。

2 折り紙と千代紙を貼る

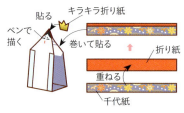

ペンで顔を描き、えぼしと冠を貼る。折り紙と千代紙を重ね、牛乳パックに貼る。

3 牛乳パックに毛糸を巻く

牛乳パックの裏に毛糸をとめ、ぐるぐると巻く。毛糸の色を変えながら繰り返す。

4 毛糸に紙を貼る

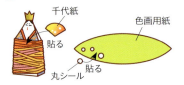

しゃくと扇を毛糸の上に貼る。色画用紙に丸シールを貼り、その上に並べる。

青空に泳ぐ こいのぼり

厚紙の折り方にひと工夫して、こいのぼりとハナショウブを立体的に飾りましょう。端午の節句にぴったりです。

【 材料 】
色画用紙／千代紙／折り紙／丸シール／和紙／厚紙／牛乳パック

【 道具 】
はさみ／のり／セロハンテープ／両面テープ／ペン／丸い軸の鉛筆など

型紙 P.236

1 千代紙を巻いて貼る

千代紙を角から巻いてセロハンテープでとめる。端をＶ字形に切り、反対の端をまっすぐ切る。

2 色画用紙に折り紙を貼る

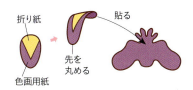

花びらの色画用紙に折り紙を貼る。鉛筆で丸め、花の色画用紙に貼る。

3 厚紙に色画用紙を貼る

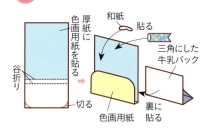

厚紙を折り、こいのぼりなどを貼る。牛乳パックの支えをつける。

第3章 施設装飾

153

アジサイとカタツムリ

お椀形の容器を土台にして、ふっくらとしたアジサイを表現。巻きすに置いて飾り、涼しげな雰囲気を演出します。

【材料】
色画用紙／折り紙／お花紙／発泡スチロール容器／巻きす

【道具】
はさみ／ホッチキス／両面テープ／ペン／ピンキングばさみ

型紙 P.236

1 折り紙を折って切る

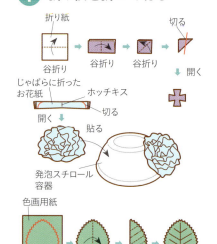

4分の1にした折り紙を折って切る。お花紙をじゃばら折りにしてホッチキスでとめ、開く。発泡スチロール容器にお花紙の花を両面テープで貼る。

2 お花紙に折り紙を貼る

お花紙の上から折り紙の花をのせるようにして両面テープで貼る。

3 色画用紙を貼り合わせる

ペンで描き、色画用紙を貼り合わせる。巻きすに置いて飾る。

色とりどりの七夕飾り

さまざまな折り紙の飾りをティッシュ箱に吊るします。コンパクトで飾る場所を選ばないのも魅力です。

【材料】
千代紙／折り紙／両面折り紙／柄入り折り紙／色画用紙／ティッシュ箱／たこ糸／毛糸

【道具】
はさみ／のり／セロハンテープ／筆ペンまたは書道道具／穴開けパンチ／千枚通し

1 折り紙で飾りを作る

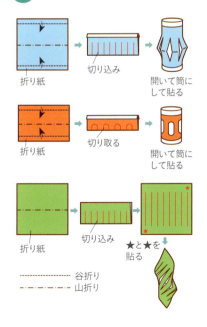

------- 谷折り
——— 山折り

折り紙や千代紙などを切ったり貼ったりして、飾りを作る。

2 ティッシュ箱に紙を貼る

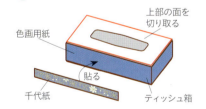

ティッシュ箱の側面と底面に色画用紙や千代紙を貼る。

3 ティッシュ箱に糸を貼る

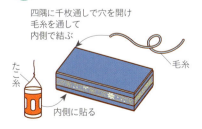

ティッシュ箱の四隅に毛糸をつけ、4本を上で結ぶ。

第3章 施設装飾

夜空に浮かぶ満月

ウサギの餅つき、
ススキにお月見団子と
十五夜の情景が広がります。
お月見団子と三方は、
浮かせて貼りましょう。

【材料】
画用紙／色画用紙／折り紙／段ボール

【道具】
はさみ／のり

型紙
P.237

1 折り紙や色画用紙を貼る

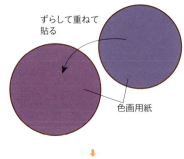

ずらして重ねて貼る

色画用紙

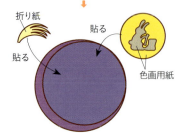

折り紙
貼る
貼る
色画用紙

折り紙や色画用紙のパーツを切って貼る。

2 画用紙や色画用紙を貼る

色画用紙
貼る
画用紙
裏に何ヵ所か貼り、浮かせる
色画用紙
段ボール

画用紙の団子と三方の色画用紙を浮かせて貼る。

ハロウィンの壁飾り

紙を筒状にして作る
カボチャやおばけがユニーク！
星やコウモリをプラスして
ハロウィンを盛り上げます。
窓に飾っても楽しめます。

【材料】
色画用紙／画用紙／丸シール／リボン

【道具】
はさみ／のり／ペン／セロハンテープ

型紙 P.237

1 色画用紙に丸シールを貼る

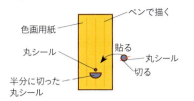

色画用紙にペンで描き、丸シールを貼る。

2 色画用紙を筒にする

色画用紙を筒にしてセロハンテープでとめる。上側の左右を中に折り込む。

3 画用紙を貼り合わせる

丸シールを貼った画用紙の両端を貼り合わせる。先端を切り取る。

4 リボンに通す

カボチャやおばけにリボンを通し、間に星やコウモリの色画用紙を貼る。

第3章 施設装飾

星と雪の吊るし飾り

キラキラ折り紙とアルミホイルで華やかに仕上げます。
雪だるまやステッキなどを飾ればクリスマスにもぴったり！

【材料】
画用紙／色画用紙／キラキラ折り紙／片段ボール／リボン／アルミホイル

【道具】
はさみ／ペン／のり／両面テープ

型紙 P.238

1 キラキラ折り紙を切る

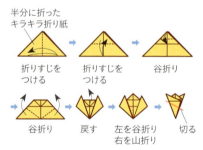

キラキラ折り紙を折って切り、星を作る。

2 アルミホイルを丸める

アルミホイルを握るようにして丸める。

3 片段ボールに貼る

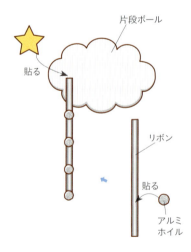

リボンに色画用紙の飾りやアルミホイルなどを貼る。片段ボールにリボンを貼り、根元にキラキラ折り紙の星を貼る。

クリスマスのキラキラツリー

三角形の色画用紙を
5枚貼り合わせれば、
ツリーのできあがり。
切り紙で作る家を並べて
にぎやかな印象に。

【材料】
色画用紙／キラキラ折り紙／キラキラシール

【道具】
はさみ／のり／ホッチキス

型紙 P.238

1 色画用紙を貼り合わせる

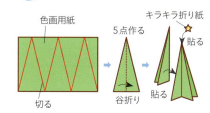

色画用紙を三角形に5枚切り、半分に折って貼り合わせる。

2 キラキラ折り紙を切る

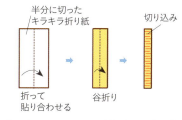

半分に切ったキラキラ折り紙を貼り合わせて、折って切り込みを入れる。

3 キラキラ折り紙をつける

色画用紙にキラキラシールを貼り、キラキラ折り紙を伸ばしながらホッチキスでとめる。

4 色画用紙を切る

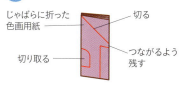

色画用紙をじゃばらに折り、家の形に切る。

第3章 施設装飾

新年を祝う門松

受付などに一つあるだけでお正月らしい雰囲気になります。紅白の軽量粘土とモールの餅花で華やかさアップ！

【材料】
色画用紙／画用紙／千代紙／折り紙／片段ボール／輪ゴム／軽量粘土／モール／カラー工作用紙

【道具】
はさみ／のり

型紙 P.239

1 紙を筒状にする

折り紙を貼った色画用紙を巻き、先端を斜めに切る。同様に3点作り、根元を輪ゴムでまとめる。

2 紙に切り込みを入れる

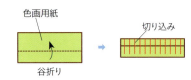

ずらして折った色画用紙に細かく切り込みを入れる。

3 モールに粘土をつける

赤と白の軽量粘土を丸め、モールを覆うようにしてつける。

4 片段ボールを巻く

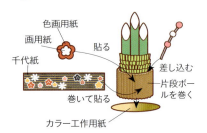

色画用紙の筒に片段ボールなどを巻く。モールを差し、カラー工作用紙に貼る。

松竹梅と鶴の お正月飾り

和紙で作った鶴などを
100円ショップの扇子に貼って
お正月飾りに仕上げます。
ドアなどに掛けて飾りましょう。

【材料】
色画用紙／和紙／半紙／扇子／ひも

【道具】
はさみ／のり／セロハンテープ／両面テープ／筆ペンまたは書道道具

型紙 P.239

1 色画用紙を切る

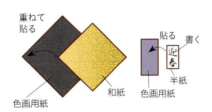

色画用紙をパーツの形に切り、和紙・半紙と色画用紙を貼る。

2 和紙を折る

和紙で鶴を折る。

3 扇子に色画用紙などを貼る

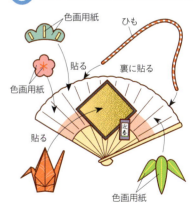

扇子に色画用紙や和紙の鶴、文字などを貼る。

お花が届けるおめでとう！

お花とメッセージが誕生会などの
お祝いの場に華を添えます。
スペースに合わせて
自由にレイアウトしましょう。

【材料】
画用紙／色画用紙／キラキラ折り紙／
コピー用紙／丸シール

【道具】
はさみ／のり／ホッチキス

型紙 P.239

1 紙を輪にして重ねる

画用紙・色画用紙を輪にしてホッチキスでとめる。同じものを十字に重ねてとめ、さらに色違いのものを重ねてとめる。丸シールを貼る。

2 色画用紙に文字を貼る

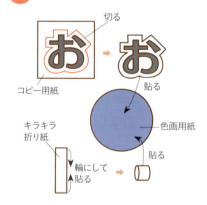

色画用紙にコピー用紙の文字を貼る。文字のまわりに、キラキラ折り紙の輪を貼る。

折り紙を折ろう

季節を味わったり、レクリエーションで
活用できたりする折り紙です。
指先を使うことで脳の刺激にもつながる折り紙を
いっしょに楽しみましょう。

おひなさま

袖の形がおひなさまらしい作品です。
⑩で折った部分を起こすと立てて飾れます。

1 **2** 折りすじをつける。 **3** **4**

5 開いてつぶす。 **6** 上の1枚だけ折りすじをつける。 **7** 上の1枚だけ内側に折る。 **8**

9 1枚目と2枚目の間を開いて折りたたむ。 **10** **11** **12** おびな できあがり。

12 めびな **13** できあがり。

プラスアイデア

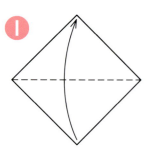

ひもに貼って吊るし飾りに

千代紙で折った作品をひもに貼って飾ります。花形に切った和紙やじゃばら折りの扇で華やかに。

タケノコ

A4程度の用紙や便せんなど長方形の紙で折るタイプです。

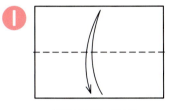

配布するプリントで折る

イベントの案内状などを渡す際に、ぴったり。開くのも楽しみな案内状になります。

❶ 折りすじをつける。

❷

❸

❹ ○と○を合わせて折る。

❺

❻

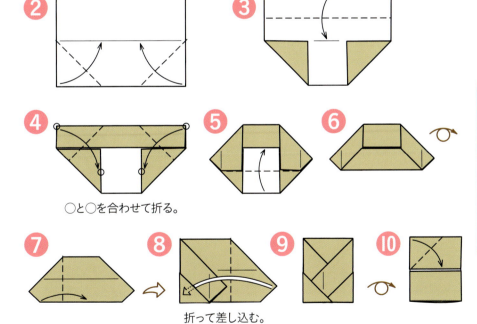

❼

❽ 折って差し込む。

❾

❿

⓫
折って差し込む。

⓬

⓭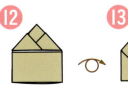
できあがり。

第4章 折り紙

かぶと

とがっているつのの形が特徴的なかぶと。
端午の節句を折り紙で楽しみましょう。

折りすじをつける。

上の1枚だけ折る。

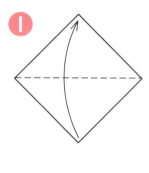

プラス アイデア

大きく作って ひもを組み合わせる

大きな包装紙で折ったものの内側にひもをつけて結びます。後ろに倒して前を浮かせて飾るのがポイントです。

折って差し込む。

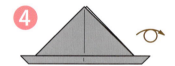
できあがり。

星

七夕のササ飾りにぴったりの星です。
キラキラ折り紙で折っても楽しめます。

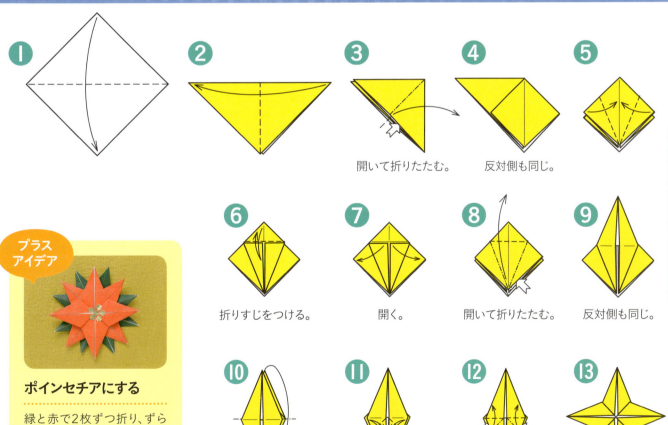

1.
2.
3. 開いて折りたたむ。
4. 反対側も同じ。
5.
6. 折りすじをつける。
7. 開く。
8. 開いて折りたたむ。
9. 反対側も同じ。
10. 後ろの1枚を折り下げる。
11. 折りすじをつける。
12. 開いて折りたたむ。
13. できあがり。

プラスアイデア

ポインセチアにする

緑と赤で2枚ずつ折り、ずらして重ねます。真ん中に金色の丸シールを貼ると、ポインセチアになります。

第4章 折り紙

ハス

台湾で親しまれている伝承作品です。
半分に切った折り紙を12枚組み合わせます。

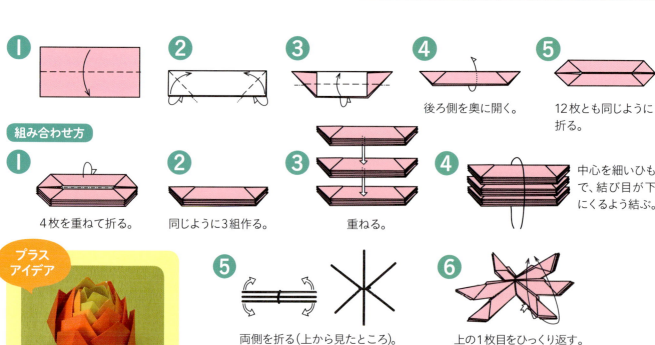

1.
2.
3.
4. 後ろ側を奥に開く。
5. 12枚とも同じように折る。

組み合わせ方

1. 4枚を重ねて折る。
2. 同じように3組作る。
3. 重ねる。
4. 中心を細いひもで、結び目が下にくるよう結ぶ。
5. 両側を折る（上から見たところ）。
6. 上の1枚目をひっくり返す。
7. 6ヵ所同じようにする。
8. 2段目以降も同じように、ひっくり返す。
9. できあがり。

プラスアイデア

配色を楽しむ

グラデーションになるような色で作ると、違った味わいになります。

同じものを7枚組み合わせ
立体的な傘を作ります。

案：渡辺眞寿美

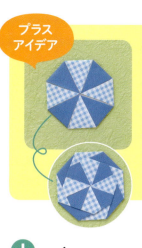

**8枚を合わせて
コースターにする**

同じパーツを色違いで4枚ずつ作り、交互に合わせると平面のコースターに。表裏どちらでも使えます。

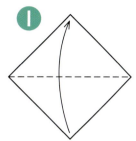

❶

❷
上の1枚に折りすじをつける。

❸
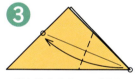
○と○を合わせて折る。

❹
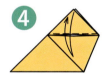
上の1枚に折りすじをつける。

❺

上の1枚を差し込む。

❻

同じように7枚折る。

組み合わせ方

❶
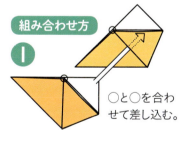
○と○を合わせて差し込む。

❷

❸
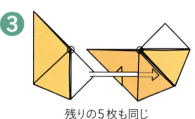
残りの5枚も同じように差し込む。

❹

最後の1枚は中央をくぼませて差し込む。

❺
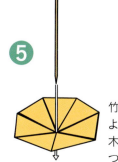
竹ぐしを先が出るように差し込み、木工用接着剤をつける。

❻

内側に細長い紙を巻いて固定する。

❼

先にビーズを差し込み、木工用接着剤でとめる。

❽

できあがり。

第4章 折り紙

きのこ

半分に切った折り紙から始めます。
❻からの折り方で、かさの形が変えられます。

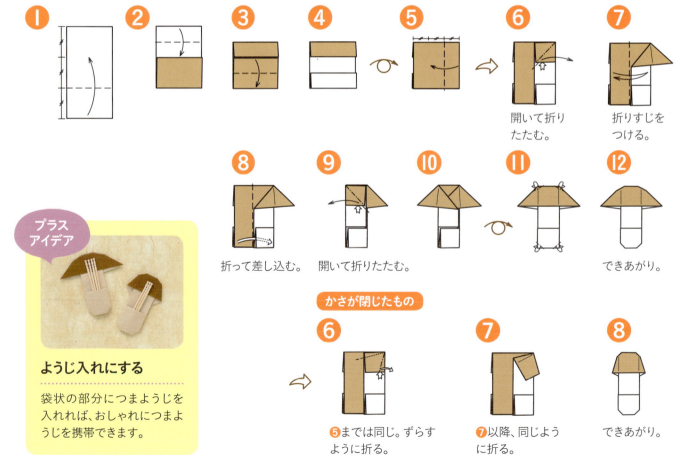

1.
2.
3.
4.
5.
6. 開いて折りたたむ。
7. 折りすじをつける。
8. 折って差し込む。
9. 開いて折りたたむ。
10.
11.
12. できあがり。

かさが閉じたもの

6. ❺までは同じ。ずらすように折る。
7. ❼以降、同じように折る。
8. できあがり。

プラスアイデア

ようじ入れにする

袋状の部分につまようじを入れれば、おしゃれにつまようじを携帯できます。

プラスアイデア

かごに入れて立体的に飾る : 黄緑のものもまぜ、かごに盛ると立体感を生かして飾れます。

柿

葉がついている、ふんわり立体的な柿です。少しずつていねいに開いていくのがコツ。

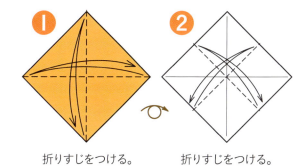

❶ 折りすじをつける。

❷ 折りすじをつける。

❸ 角を寄せて折りたたむ。

 （途中図）

 ❹ 開いて折りたたむ。

 ❺ 4ヵ所とも同じ。

 ❻ 開いている面を変える。

❼ 開いて折りたたむ。

 ❽ （途中図）

 ❾ 反対側も同じ。

 ❿ 開いている面を変える。

 ⓫

 ⓬ 上から見て十字になるよう形を整える。

 （上から見たところ）

⓬ ○と○を持ち、根元まで開かないようにしながら上を開く。少し開いたら、☆と☆を持って同様にし、何度か交互に繰り返して開く。

 ⓭ できあがり。

第4章 折り紙

冬 WINTER

サンタクロース

折り紙1枚で帽子や体までできるのが楽しい作品です。立てて飾ることもできます。

1  折りすじをつける。

2

3

4 上の1枚だけ折る。

5  上の1枚だけ折る。

6  上の1枚だけ折る。

7  上の1枚だけ折る。

8  内側に折る。

9

10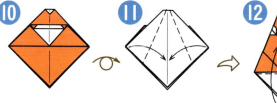

11

12 折って立てる。

13  できあがり。

プラスアイデア

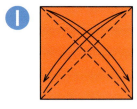

リースと組み合わせる

183ページのリースに飾ると、クリスマスにぴったりの作品になります。

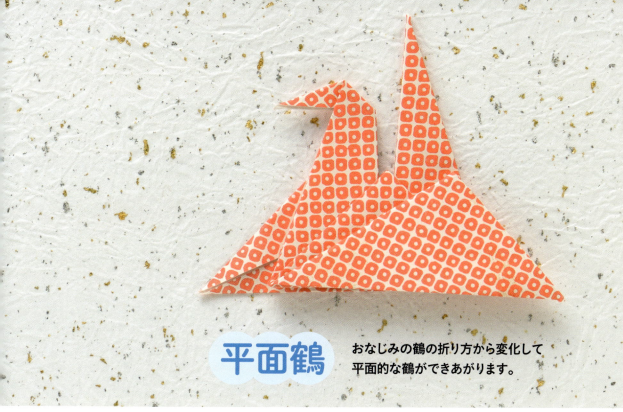

平面鶴

おなじみの鶴の折り方から変化して平面的な鶴ができあがります。

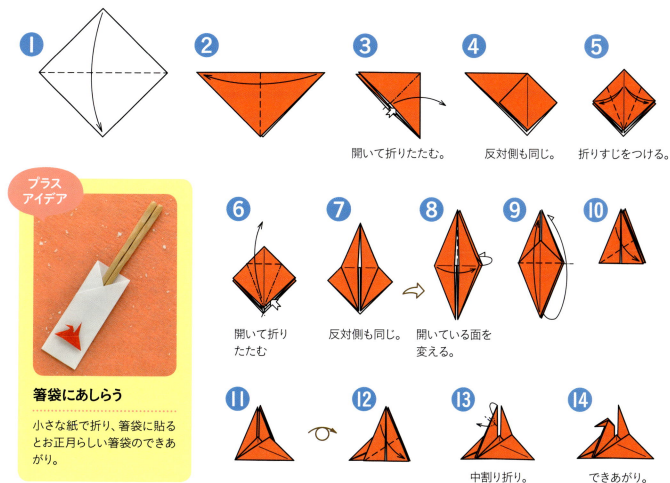

1.
2.
3. 開いて折りたたむ。
4. 反対側も同じ。
5. 折りすじをつける。
6. 開いて折りたたむ
7. 反対側も同じ。
8. 開いている面を変える。
9.
10.
11.
12.
13. 中割り折り。
14. できあがり。

プラスアイデア

箸袋にあしらう

小さな紙で折り、箸袋に貼るとお正月らしい箸袋のできあがり。

富士山のメモ

立てて飾れるのが富士山らしい作品です。
ちょっとしたメッセージに活躍します。

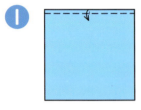
① 少しだけ折る。

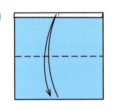
② 上の線に合わせて折りすじをつける。

③

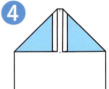
④

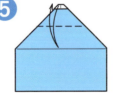
⑤ 折りすじをつける。

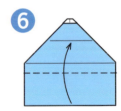
⑥

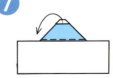
⑦ 折って立てる。

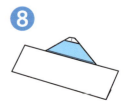
⑧ できあがり。

プラスアイデア

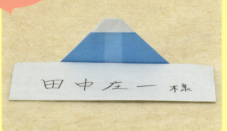

名前を書いて席札にする

イベント時など、名前を書いて席札にするとテーブルに花を添えます。

椿

花びらのラインが印象的な椿です。
葉っぱは、4分の1の大きさの紙で折りましょう。

お皿にする 折り紙そのままのサイズで折った葉に、お菓子などをのせます。

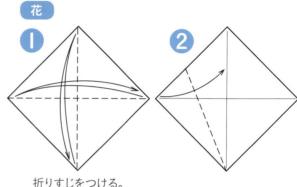

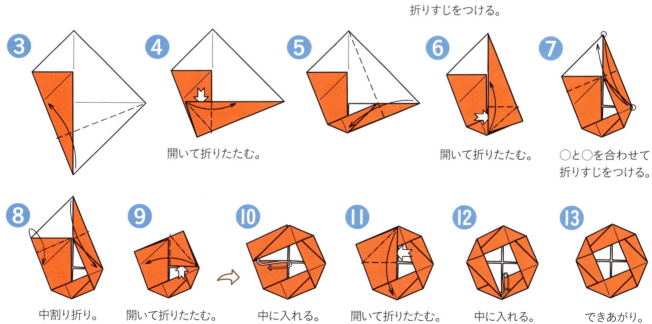

葉

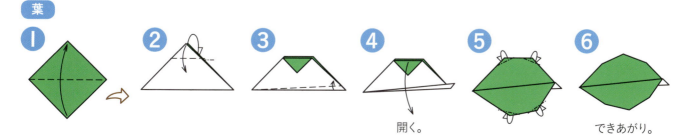

第4章 折り紙

175

FULL YEAR 通年

帆かけ船

風を受けて走るような姿の立体的な作品です。

❶ 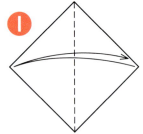 折りすじをつける。

❷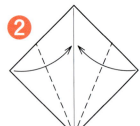

❸

❹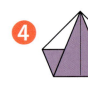

❺

❻

❼  立てる。

❽  できあがり。

帆の後ろから息を吹きかけると前に進む。

プラスアイデア

どちらが早いか帆かけ船レース

テーブルの上に帆かけ船を並べ、ゴールにどちらが早く着くかのゲームにします。

くるくるチョウ

宙返りしながら舞い降りる
ユニークな動きを楽しみましょう。

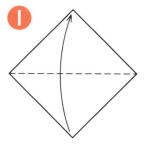
プラスアイデア

落ちてくる動きを楽しむ

くるくると落ちてくる様子に注目しましょう。どんなふうに動くか、他の人と比べてみるのも楽しいでしょう。

❶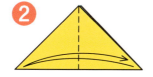

❷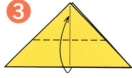
折りすじをつける。

❸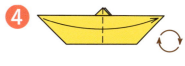
三角の角が少し出るように折る。

❹
裏返す。

❺

❻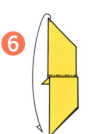

❼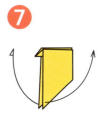
羽を開いて水平にする。

❽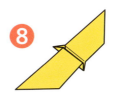
できあがり。

図のように持ち、軽く斜め上に押し出すように飛ばす。

第4章 折り紙

三角キャッチ

すぐに作れてレクリエーションで大活躍！
B4またはA3サイズぐらいの
広告紙などで折りましょう。

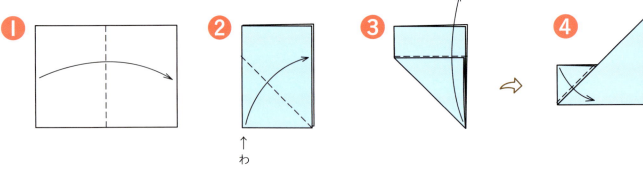

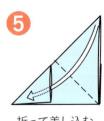

折って差し込む。

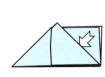

中を開いて丸みをつける。

できあがり。

プラスアイデア

一人でもペアでも行える

新聞紙を丸めてセロハンテープでとめたボールを用意します。一人で上に投げながらキャッチしても、ペアで向かい合って投げ合っても。

箱

同じサイズの折り紙を使って、折る幅を変えるだけでふたにしたり、違う大きさにしたりできます。

プラスアイデア

いろいろな大きさや深さの箱を作る

❹の折りすじの位置を変えると、箱の大きさや深さが変えられます。同じ大きさの紙からサイズが違う箱が作れて、折り紙の魅力が感じられます。

❶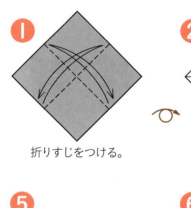
折りすじをつける。

❷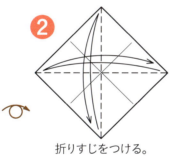
折りすじをつける。

❸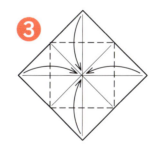

❹
折りすじをつける。

❺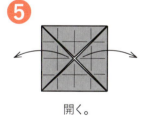
開く。

❻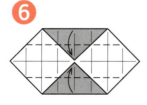

❼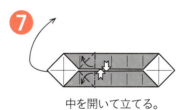
中を開いて立てる。

❽

❾
反対側も同じ。

❿
できあがり。

❹で折りすじを少し外側につけ、同じように折ると少し大きくて浅めの箱になる（箱のふた）。

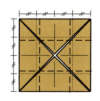
❹で折りすじを少し内側につけ、同じように折ると少し小さくて深めの箱になる。

第4章 折り紙

飛行機

翼が水平よりも下がると飛びにくいので正面から見てチェックしましょう。

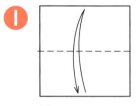

折りすじをつける。

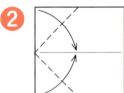

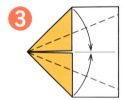

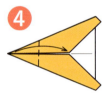

プラスアイデア

どこまで飛ぶか競争する

飛行機を飛ばして、だれのものが遠くまで飛ぶか競います。椅子に座ったままで行えるのも魅力です。

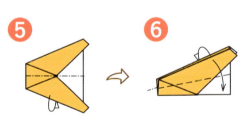

翼を水平にする。

できあがり。

グライダー

幅広い翼がポイントのグライダー。❽で翼を水平よりやや上に整えるのがポイントです。

 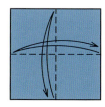
折りすじをつける。

 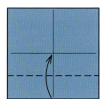

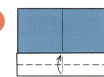

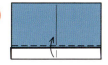

プラスアイデア

的当てのゲームにする

床に点数を表示した目印を設け、グライダーが落ちた地点の点数で比べます。チーム対抗にしても盛り上がります。

 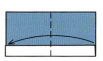

前から見て右の図のようになるよう翼の形を整える。

できあがり。

第4章 折り紙

ユニット折り紙を楽しもう！

同じ折り方で作った「ユニット」を何枚か組み合わせるユニット折り紙。
柄の組み合わせを楽しんだり、立体的にしたり、アレンジが広がります。

基本のユニット

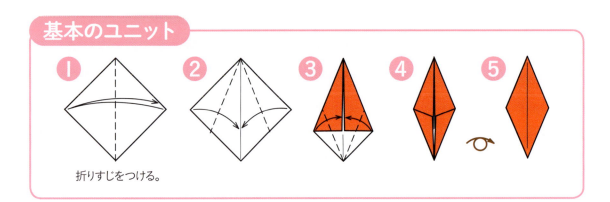

折りすじをつける。

チューリップ　5枚

細長く切った折り紙で作った茎に
3枚で作った花と2枚の葉っぱを貼ります。

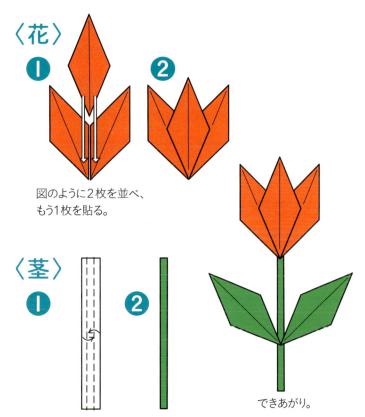

〈花〉
図のように2枚を並べ、もう1枚を貼る。

〈茎〉

できあがり。

コースター 8枚

折り紙2枚を4等分したもので8枚折ります。柄入り折り紙を混ぜるなど、色を楽しみましょう。

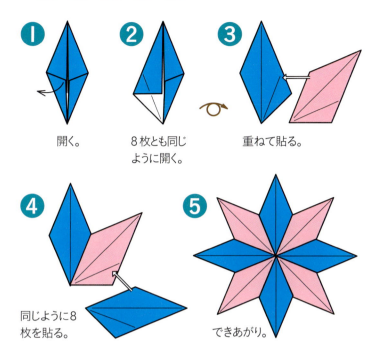

1. 開く。
2. 8枚とも同じように開く。
3. 重ねて貼る。
4. 同じように8枚を貼る。
5. できあがり。

リース 8枚

8枚を丸くつなげるとリースのできあがり。173ページの平面鶴と組み合わせています。

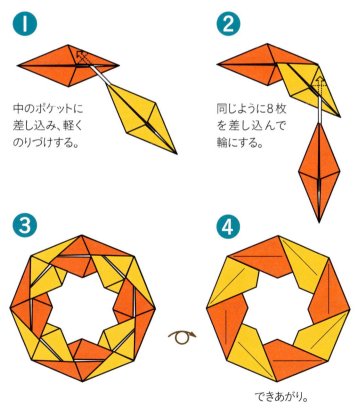

1. 中のポケットに差し込み、軽くのりづけする。
2. 同じように8枚を差し込んで輪にする。
3.
4. できあがり。

第4章 折り紙

ユリ

3枚ずつ貼り合わせたものを2組重ねます。
ストローなどに貼り、立てて飾りましょう。

1 開く。

2 中割り折り。

3 折りすじを山折りに折り直す。

4 同じように6枚折る。

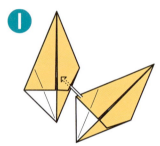
1 差し込んで軽くのりづけする。

2

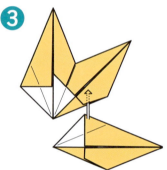
3 差し込んで軽くのりづけする。

4 差し込んで輪にし、軽くのりづけする。

5 角を内側に折る。3ヵ所とも同じように。

6 同じものを2組作る。

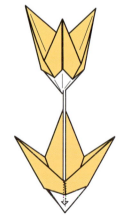
7 60度ずらして組み合わせ、軽くのりづけする。

プラスアイデア

7点合わせて掛け飾りに

丸い厚紙に色画用紙を貼り、切り込みを入れて重ねてとめ、ボウル状の土台を作ります。土台の内側にユリを7点貼ります。

8 花びらをカールさせて形を整える。

9 できあがり。

ぬり絵をぬろう

懐かしい風景や旬の食べ物、昔話など、
魅力的な絵柄が勢ぞろい。
色鉛筆でぬった場合の彩色見本も掲載しているので、
取り組みやすいです。

春 SPRING

193〜195ページのぬり絵の色見本です。

▼ しだれ桜

▼ タンポポ

春の味覚 ▶

夏 SUMMER

196～198ページのぬり絵の色見本です。

▼ 花火

▼ 夏の味覚

◀ 衣替え

第5章 ぬり絵

 AUTUMN　199〜201ページのぬり絵の色見本です。

▼ コスモス

▼ 落ち葉

秋の味覚 ▶

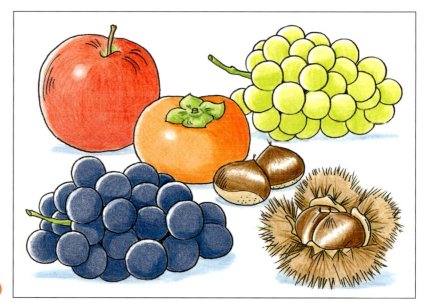

202〜204ページのぬり絵の色見本です。

▼ 節分

▼ 竹馬

◀ おせち料理

第5章 ぬり絵

通年　FULL YEAR　　205〜207ページのぬり絵の色見本です。

▼ 金魚

▼ ネコの親子

オシドリ ▶

208〜210ページのぬり絵の色見本です。

▼ 浦島太郎

▼ かぐや姫

◀ 金太郎

第5章 ぬり絵

191

211〜213ページのぬり絵の色見本です。

▼ テディベア

▼ 剣玉とこま

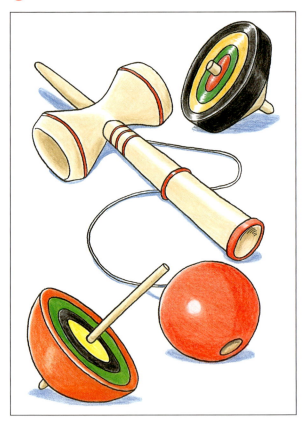

じょうろ ▶

▼ しだれ桜

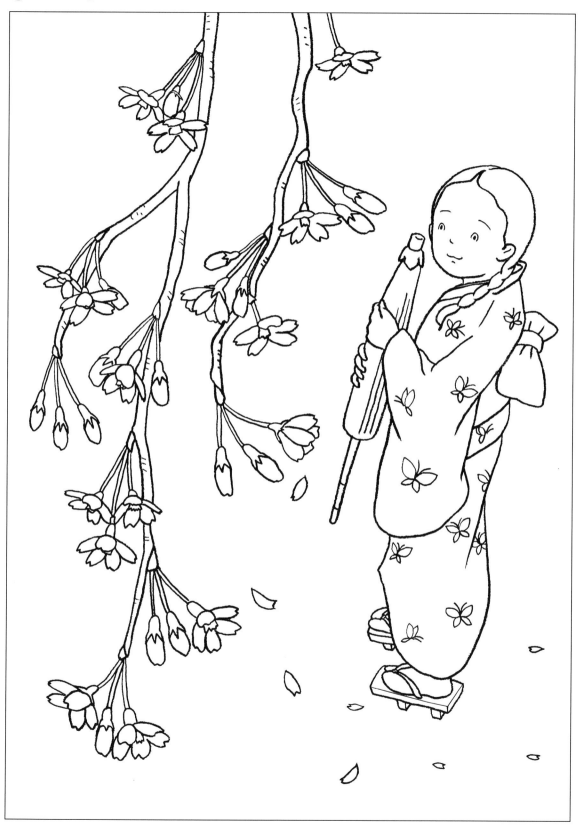

▼ タンポポ

春の味覚

花火

▼ 夏の味覚

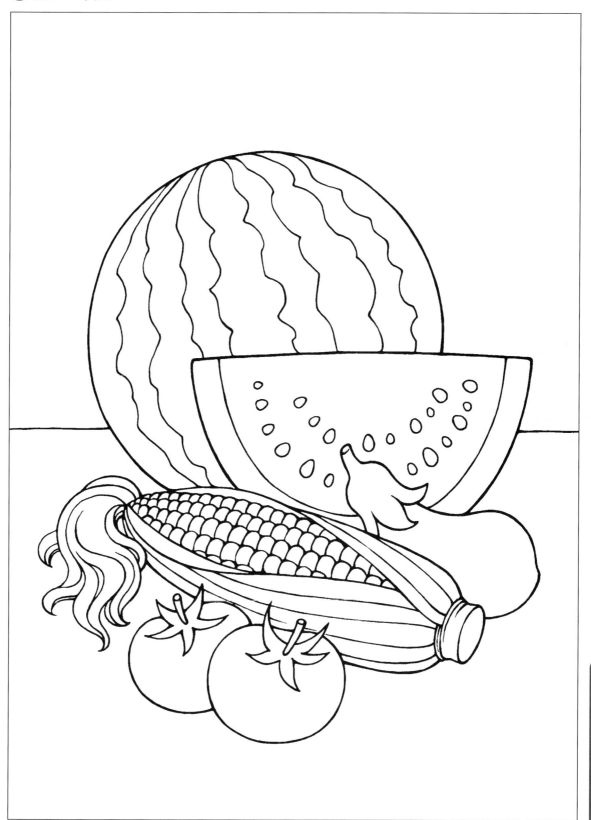

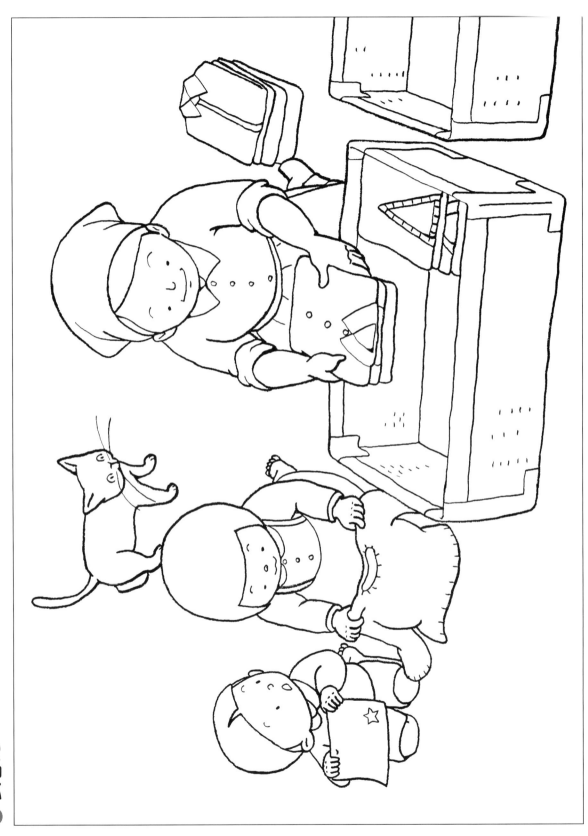

衣替え

▼ コスモス

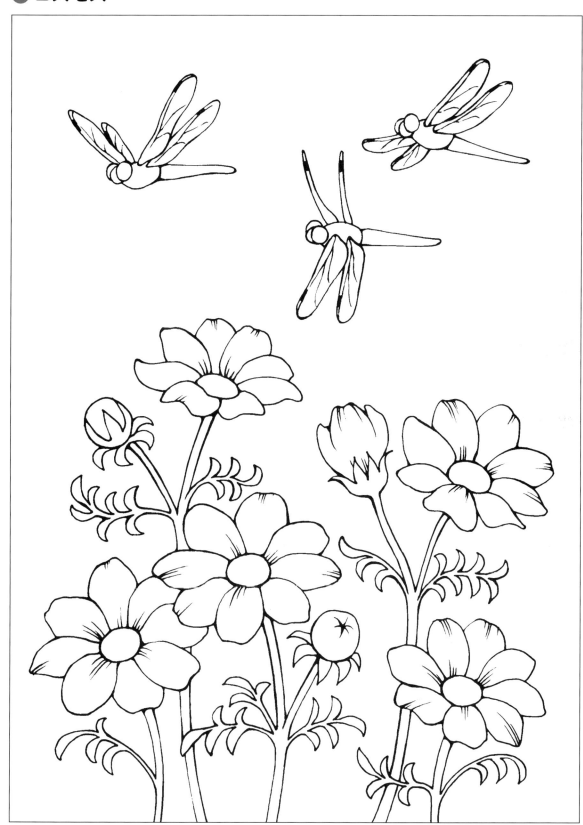

※色見本は、188ページに掲載しています。

落ち葉

▼ 節分

▼ 竹馬

▼ 金魚

ネコの親子

オシドリ

浦島太郎

● かぐや姫

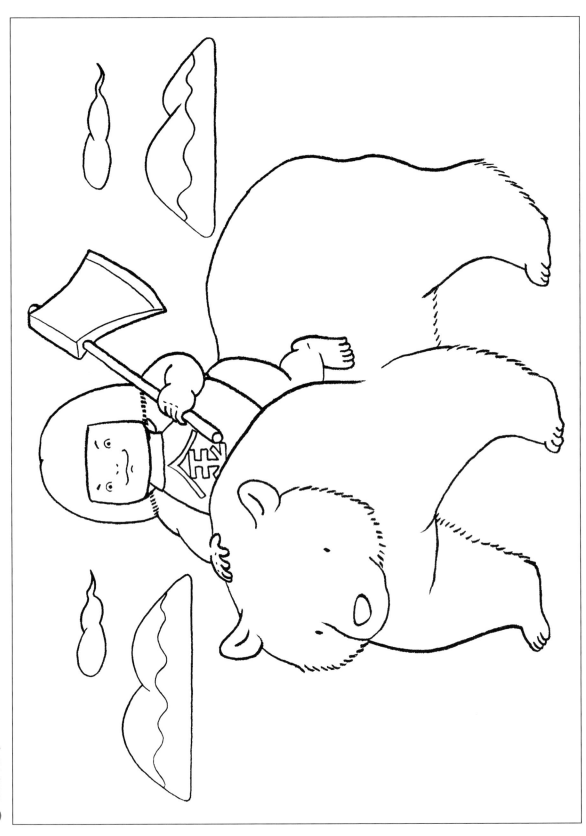

▼ テディベア

※色見本は、192ページに掲載しています。

剣玉とこま

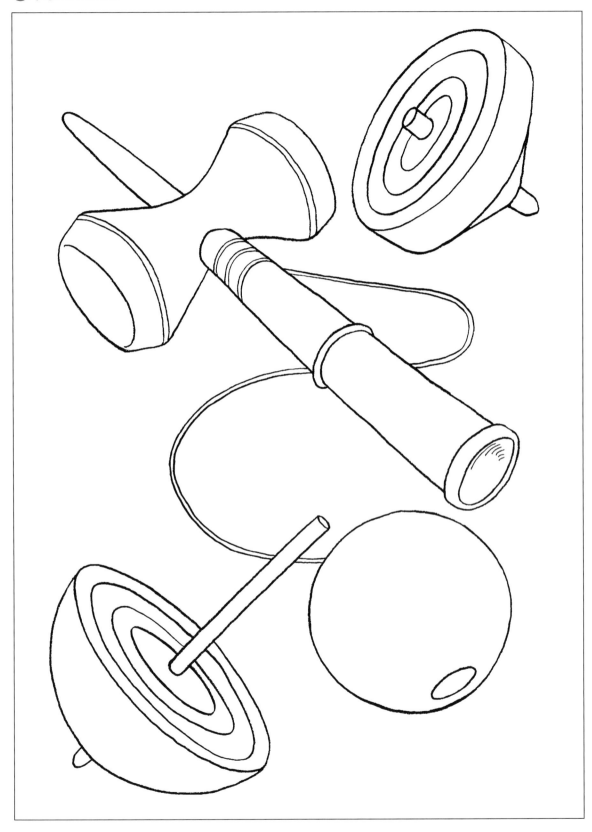

じょうろ

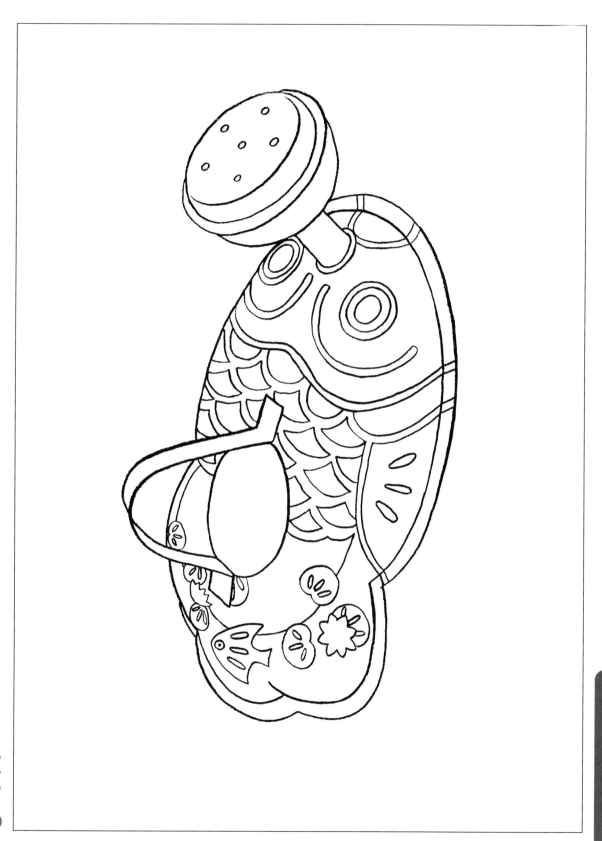

第5章 ぬり絵

※色見本は、192ページに掲載しています。

型紙の使い方

217ページからのコピー用型紙を使って、壁面飾りなどを作る際の手順を紹介します。

① 型紙をコピーする

★ 作りたいサイズに合わせる

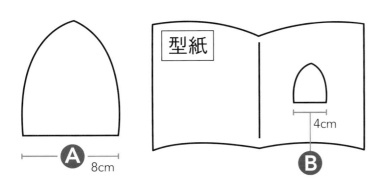

同じ部分のサイズを比べましょう

取り組みやすいかどうか、使用する道具や材料に合っているかなどに考慮して、作品のサイズを決めましょう。作りたい大きさが決まったら、作品と型紙の同じ部分のサイズを測ります。

作りたいもののサイズⒶ÷型紙のサイズⒷ＝コピー倍率

例）Ⓐ8÷Ⓑ4＝2→2倍つまり200％で拡大コピーをします

★ スペースに合わせる

どのぐらいのスペースなのか並べてみましょう

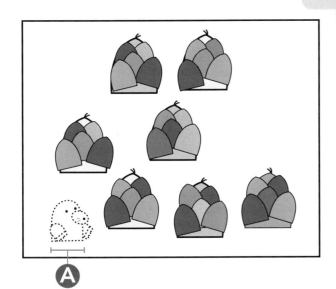

まわりのパーツは、高齢者の作品を並べてみて実際に配置するスペースから決めます。上記と同じように計算式に当てはめると、コピー倍率が出せます。

② 型紙を写して切る

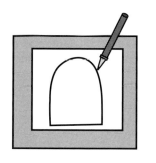
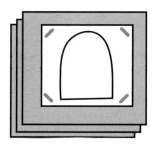

下になるものにはのりしろ分を加えましょう

使用する色の紙ごとに、その色のパーツの型紙を写します。型紙を上から重ね、芯を出していないシャープペンシルで強くなぞると写し取れます。また、コピーした型紙を重ねてホッチキスでとめ、型紙ごと切っても作れます。

③ パーツを組み合わせる

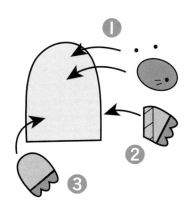

最初に表情などの細かいパーツを貼ります。次に、下にくるパーツを組み合わせます。製作途中のものは、パーツごとに封筒などに分けておきましょう。

色鉛筆やペンで模様を描いてもにぎやかになります

④ 壁や背景の紙に貼る

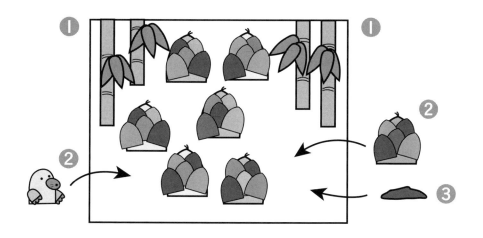

パーツの裏に、両面テープや輪にしたセロハンテープをつけます。壁や紙に、背景の大きなものから貼っていきます。次に、高齢者の作品やまわりのパーツを貼り、間の小さなパーツを貼って仕上げます。一歩引いて全体を見ながらバランスを調整しましょう。

まっすぐ並べて貼りたい場合は、左右にひもをわたして仮どめしたものにそって貼りましょう

作り方のコツ

スムーズに作ったり作品をより華やかにしたりするための、知っておくと便利なコツを紹介します。

同じパーツは型紙をとめて重ね切り

重ねた紙（色画用紙なら3枚、折り紙なら4枚が目安）の上に型紙をホッチキスでとめ、重ねたままで切ります。

左右対称のものは半分に折って切る

葉っぱのように中央に折りすじが入っても支障がないものは、半分に折ってから切ると手間がはぶけます。

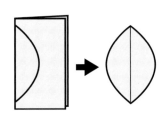

よく作るパーツの型紙はストック

花や丸、星などのよく使う形の型紙は、厚紙で作ってストックしておくと便利です。

折りすじをつけて浮かせて貼る

中央に折りすじをつけ、その裏の部分だけを壁や台紙に貼ります。左右が浮いて、立体感が出ます。

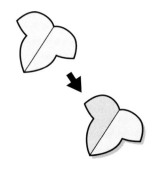

型紙をコピーしてぬったもので作る

いろいろな色の紙を組み合わせるのが大変なときは、型紙に色をぬって切り取ると手軽に作れます。

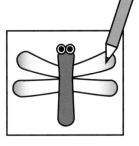

あしらいを加えてにぎやかに

空間が目立って寂しいときは、花の形や四角に切った折り紙や千代紙などを散らすと、にぎやかになります。

コピー用型紙

型紙 P.000 掲載作品を作るための型紙です。該当作品は、左のアイコン表示があります。適した大きさにコピーをして、ご活用ください。

P.22-23 早春の流しびな

P.26 菜の花畑

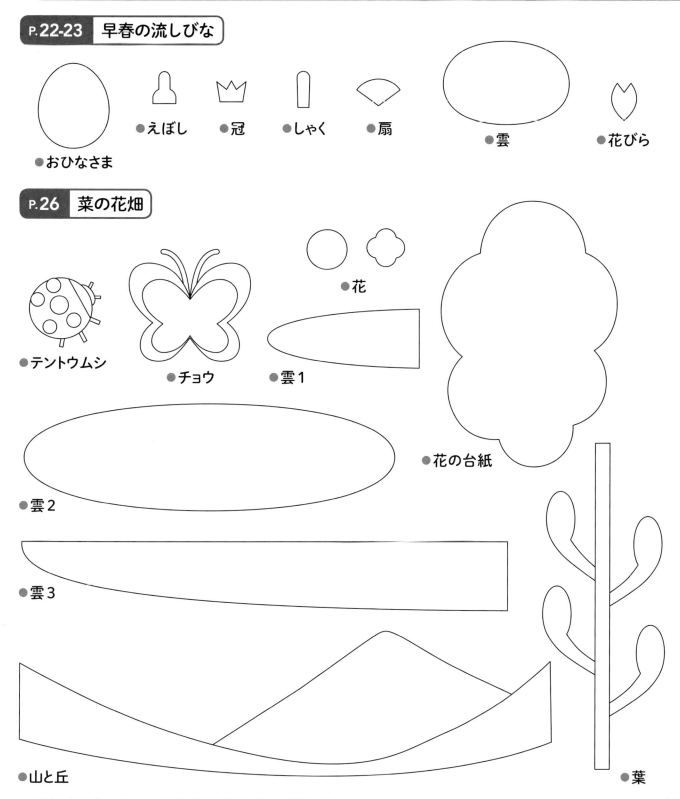

※山と丘は、他のパーツの200％で拡大するとバランスがとれます。

P.28 イチゴつみ

●葉

●花

●へた

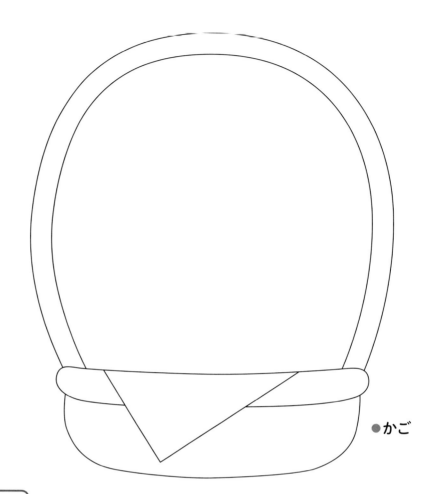
●かご

P.30-31 春らんまんの桜並木

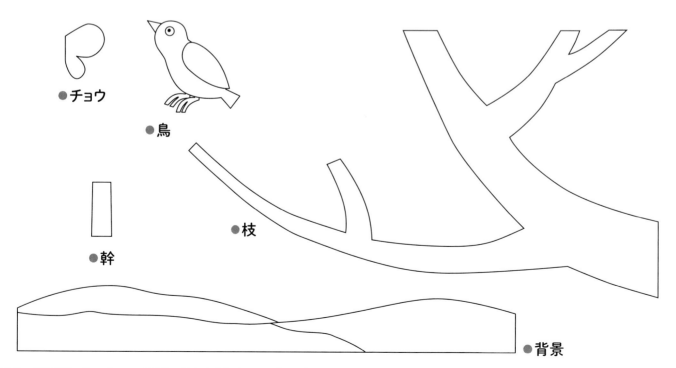

●チョウ
●鳥
●幹
●枝
●背景

※背景は、他のパーツの200%で拡大するとバランスがとれます。

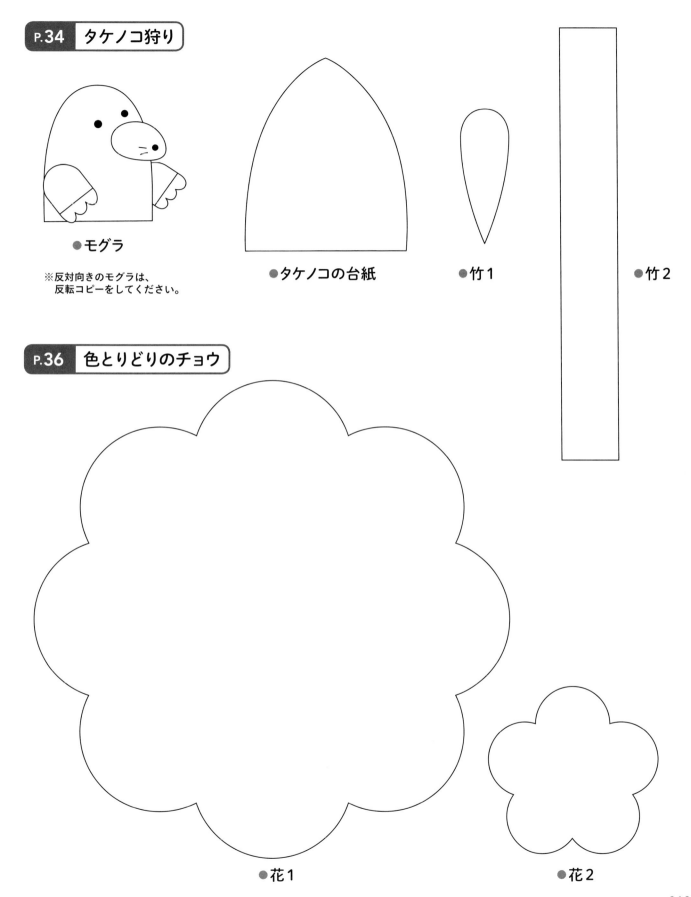

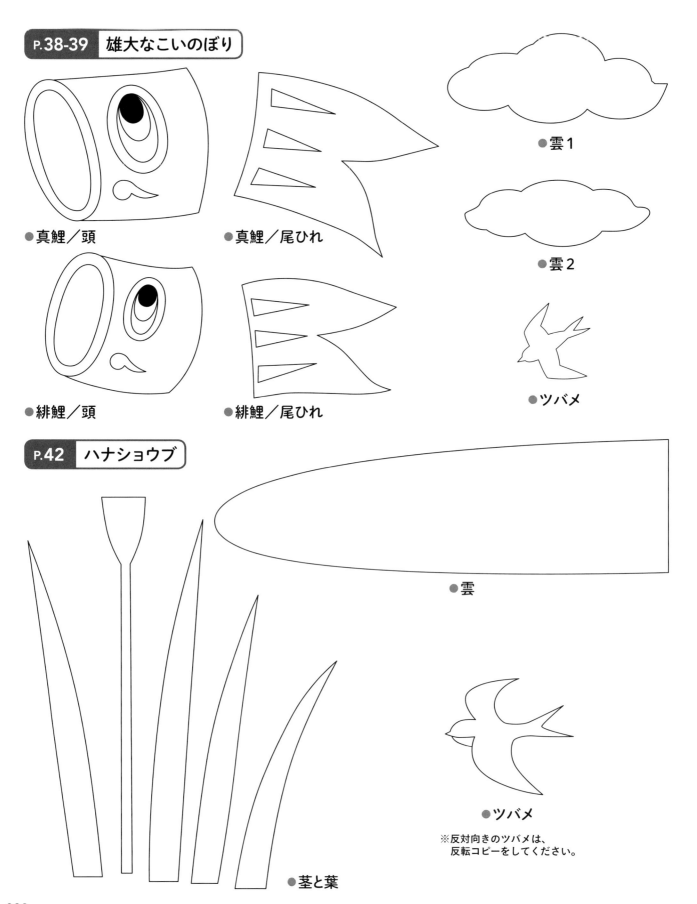

P.46-47 雨に映えるアジサイ

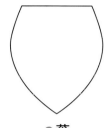
●葉

●花

●カエル

P.50 雨降りの日の傘

●雨粒1

●雨粒2

●雨粒3

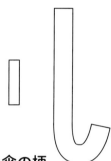
●傘の柄

P.52 バラの庭園

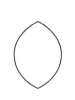
●葉

●草

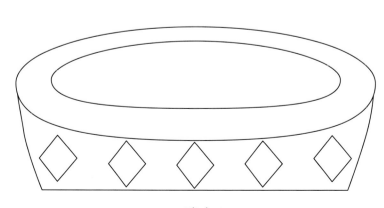
●噴水1

●噴水2

P.54-55 七夕の願い事

●星

●竹

※竹は、他のパーツの200%で
拡大するとバランスがとれます。

●葉

P.58 垣根のアサガオ

●葉

P.60 涼を届ける風鈴

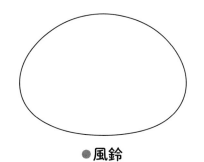

●風鈴

P.62-63 夜空に浮かぶ花火

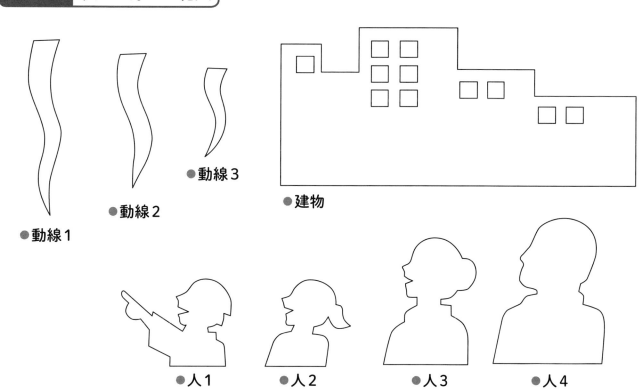

●動線1　●動線2　●動線3　●建物

●人1　●人2　●人3　●人4

P.66 一面のヒマワリ

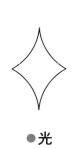

●光

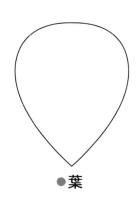

●葉

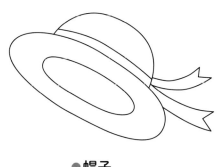

●帽子

P.68 カラフルなヨット

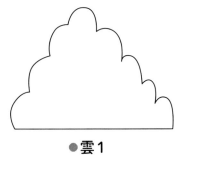
●雲1

●雲2

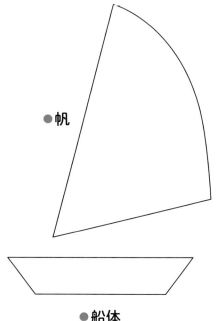
●帆

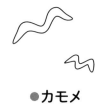
●カモメ

●灯台と島

●船体

P.70-71 秋風に揺れるコスモス

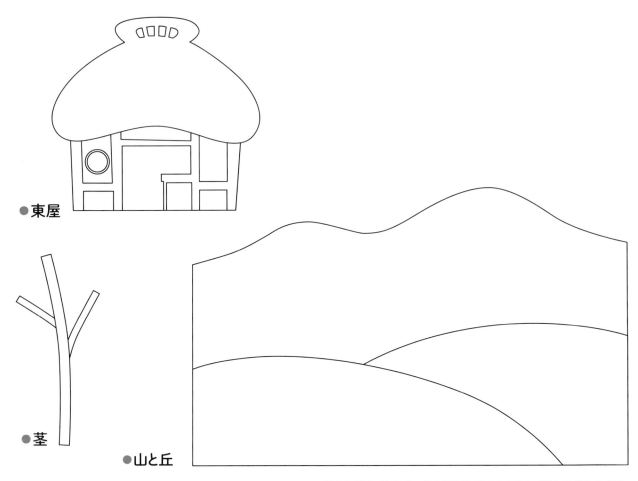

●東屋

●茎

●山と丘

※山と丘は、他のパーツの200％で拡大するとバランスがとれます。

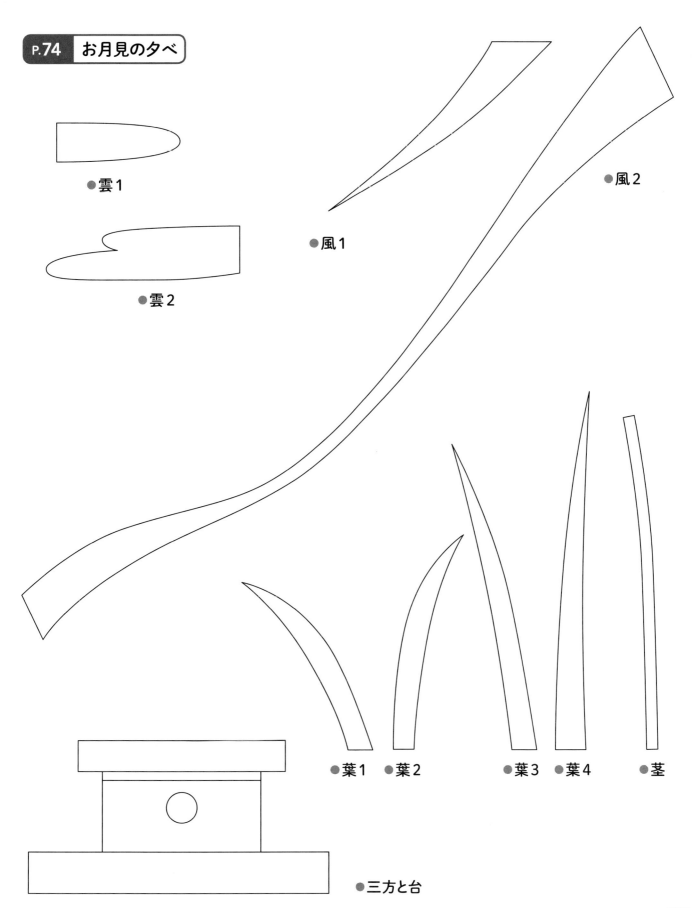

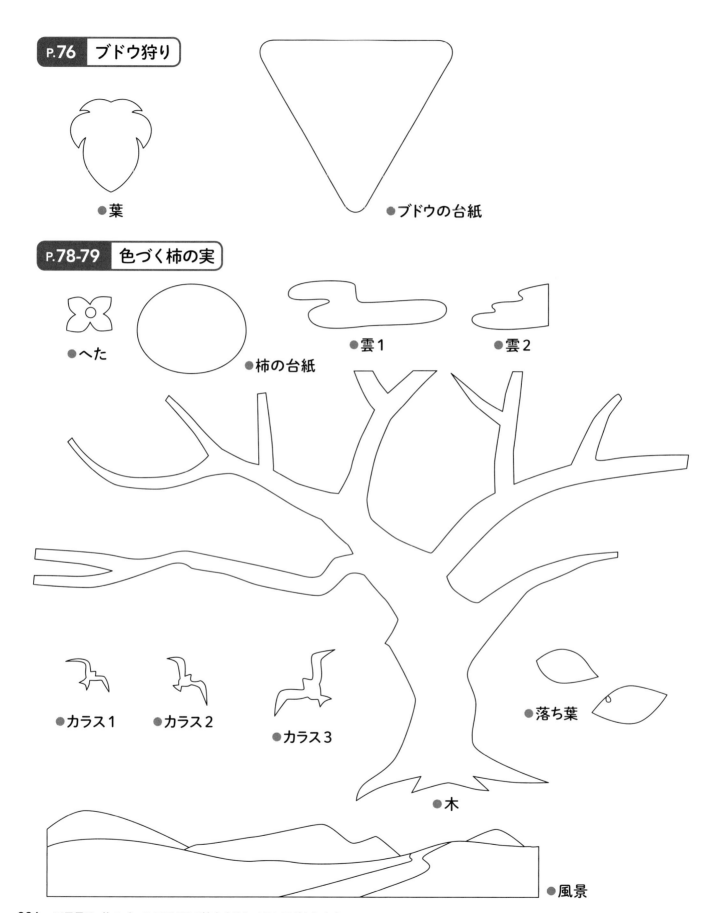

※風景は、他のパーツの200%で拡大するとバランスがとれます。

P.82 実りの季節

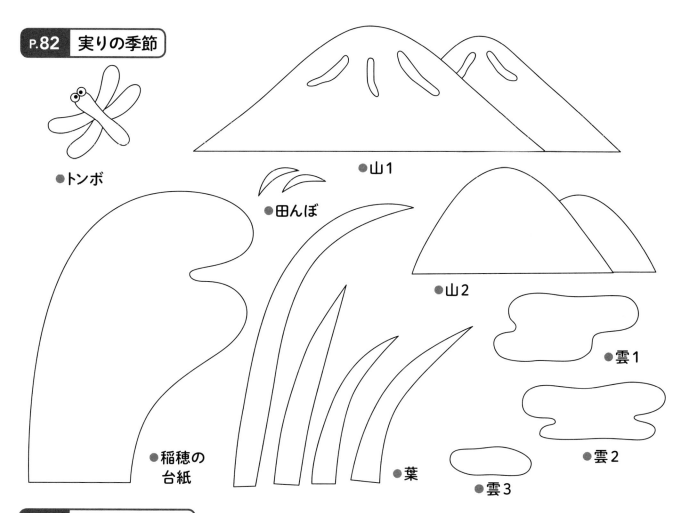

- トンボ
- 山1
- 田んぼ
- 山2
- 雲1
- 雲2
- 稲穂の台紙
- 葉
- 雲3

P.84 ハロウィンの夜

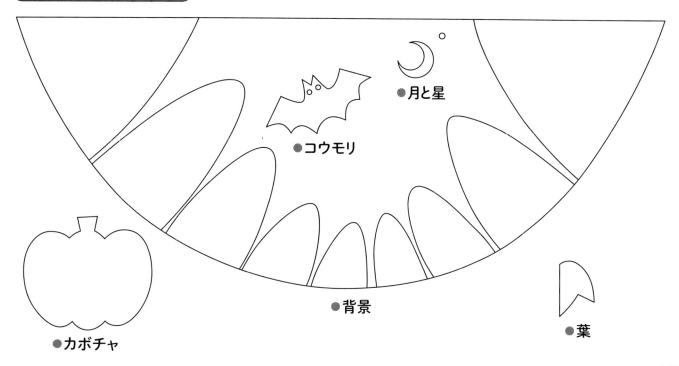

- 月と星
- コウモリ
- 背景
- 葉
- カボチャ

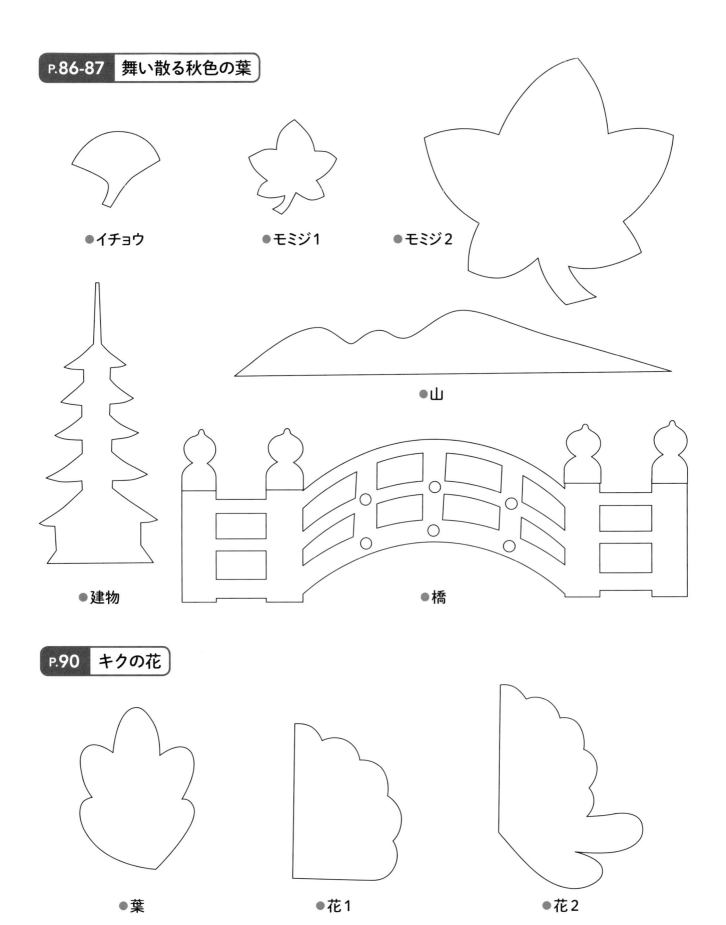

※雪原は、他のパーツの200％で拡大するとバランスがとれます。

P.98 クリスマスリース

● 星　　●ヒイラギ　　●リース

P.100 真っ赤な椿

●花の台紙

●花

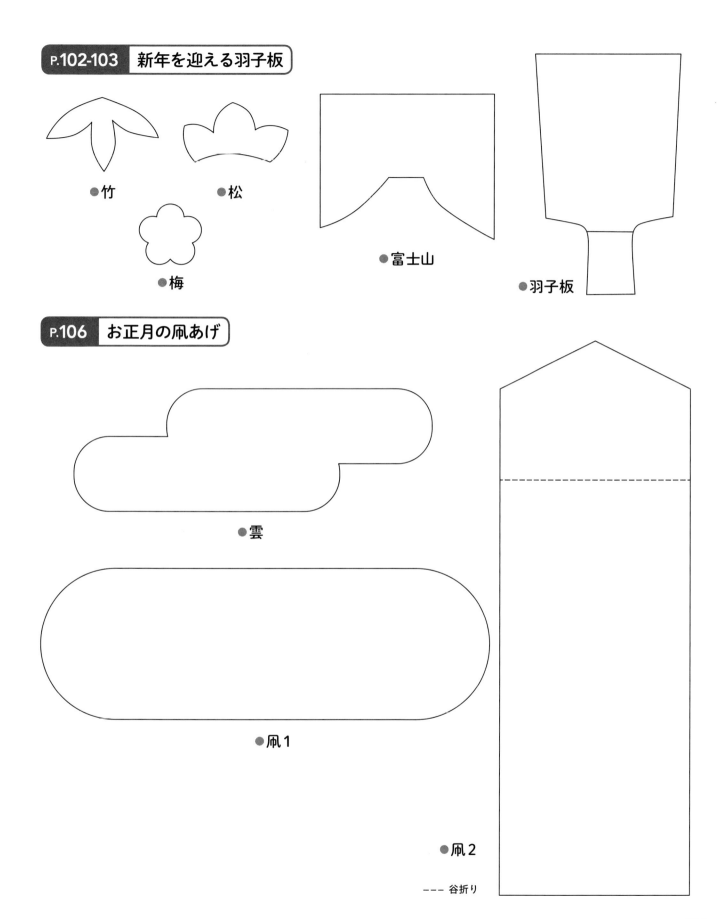

P.108 水辺のスイセン

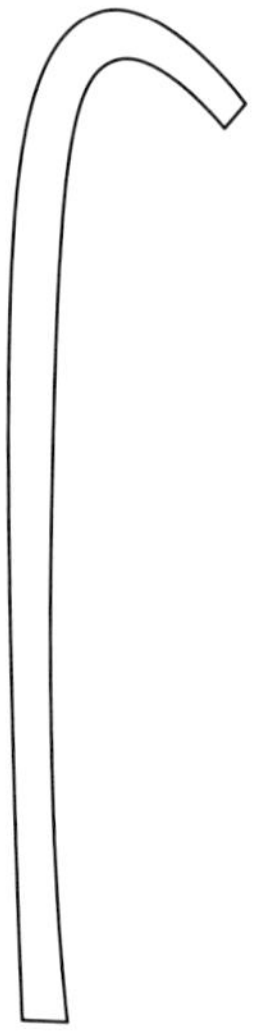

●茎1 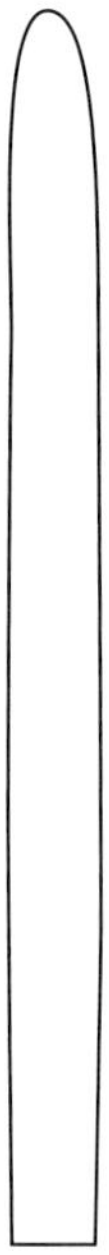　●茎2 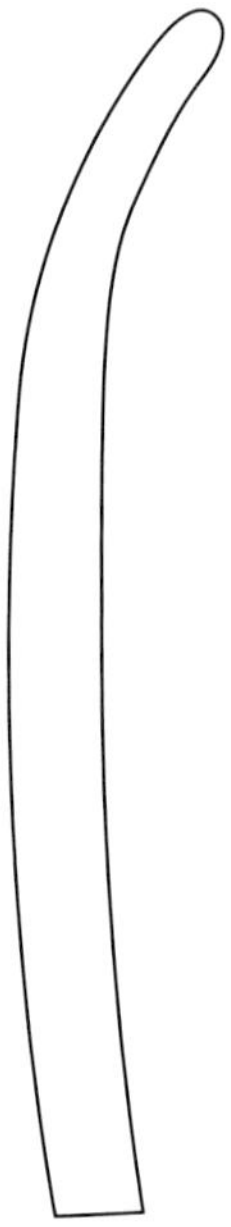　●葉1 　●葉2 　●葉3 　●葉4

P.110-111 窓の外の雪景色

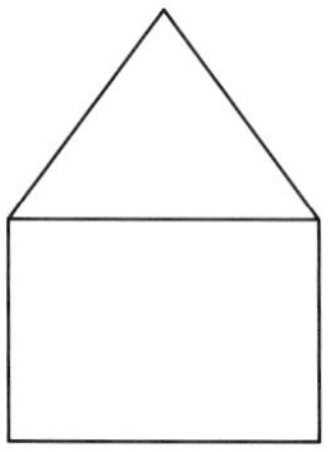

●家 　●木　●窓 　●雪の結晶 　●ネコ1 　●ネコ2

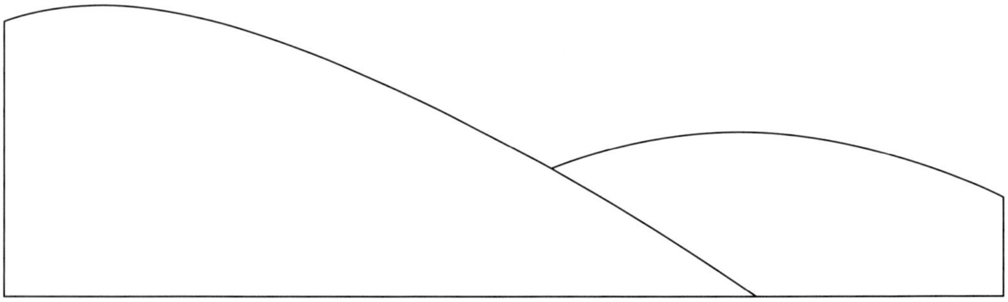

●丘

※丘は、他のパーツの200％で拡大するとバランスがとれます。

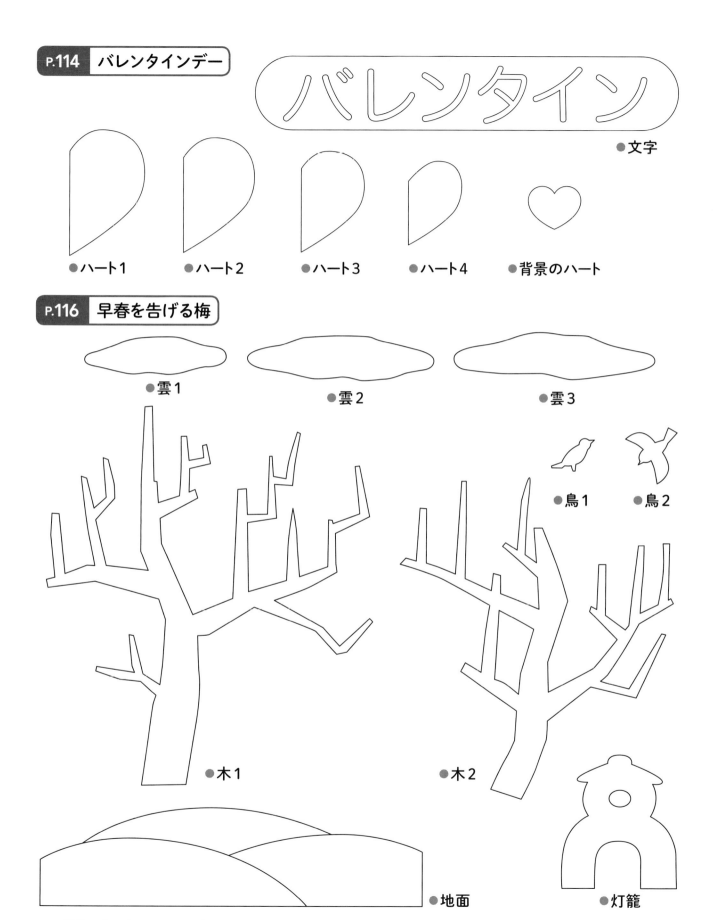

P.120 おひなさまの置き飾り

- えぼし
- しゃく
- 冠
- 扇

P.124 にじみ絵のこいのぼり

- こいのぼり

P.128 千代紙着物の織姫・彦星

- 星

P.134 紙皿で作る酉の市の熊手

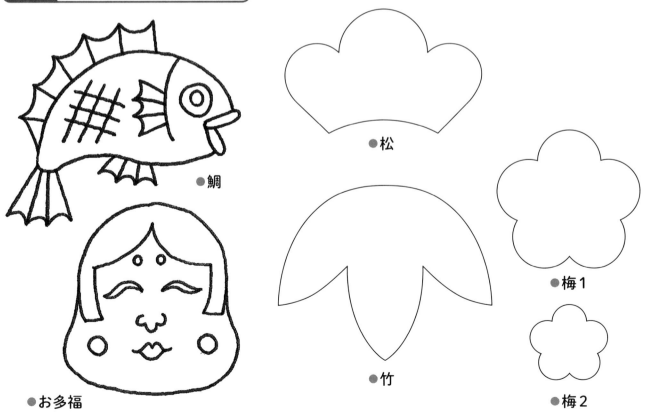

- 鯛
- お多福
- 松
- 竹
- 梅1
- 梅2

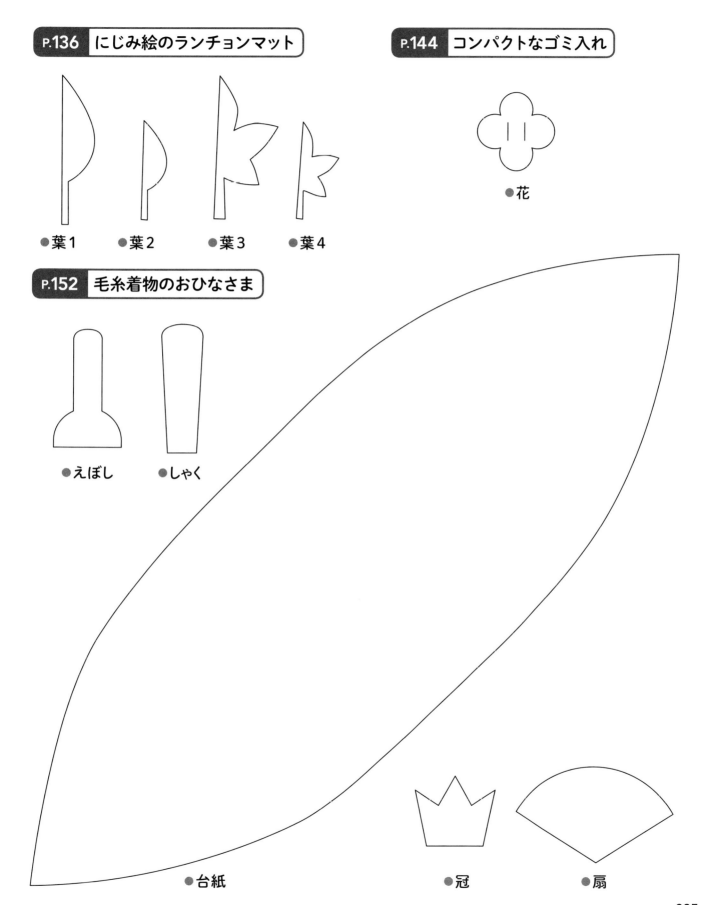

P.153 青空に泳ぐこいのぼり

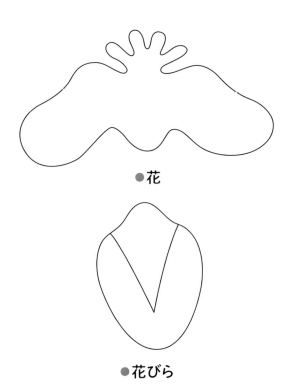
●花

●花びら

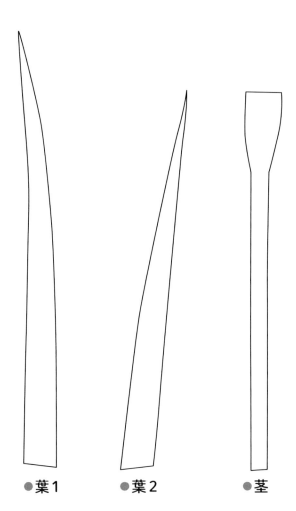
●葉1　●葉2　●茎

P.154 アジサイとカタツムリ

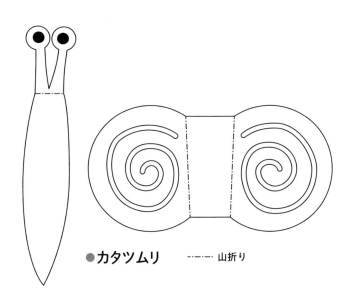
●カタツムリ　-・-・- 山折り

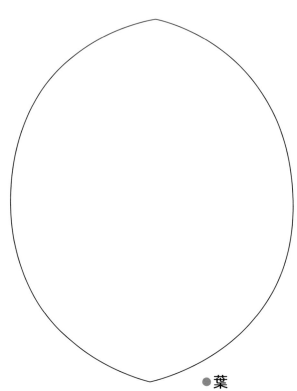
●葉

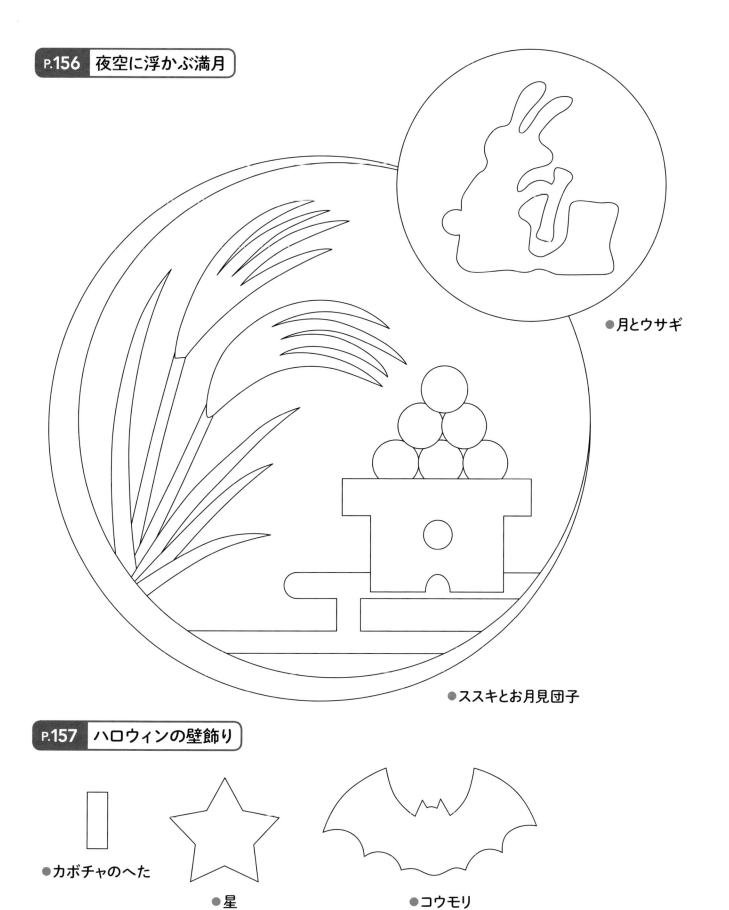

P.158 星と雪の吊るし飾り

●雪だるま

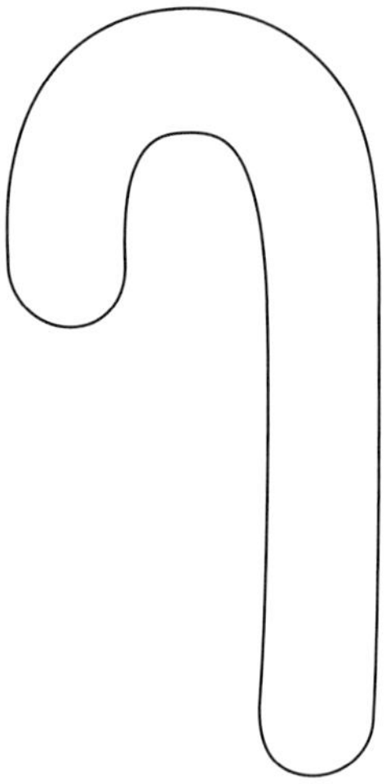

●ステッキ

●ベル

●雲

※雲は、他のパーツの200%で拡大するとバランスがとれます。

P.159 クリスマスのキラキラツリー

●星

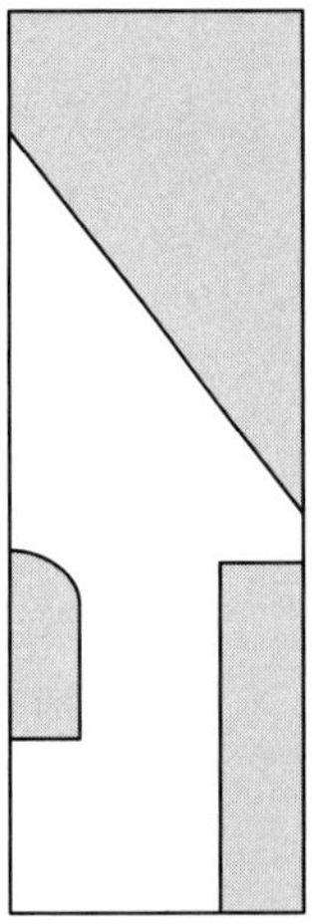

●家

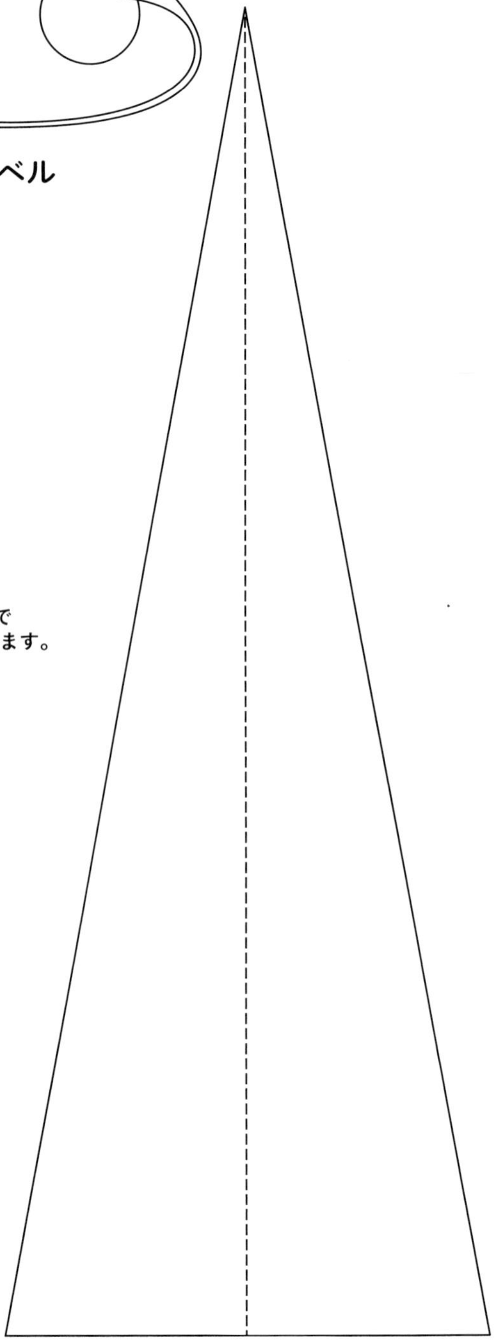

●ツリー

--- 谷折り

| P.160 | 新年を祝う門松 |

●梅

| P.161 | 松竹梅と鶴のお正月飾り |

●松

●梅

●竹

| P.162 | お花が届けるおめでとう！ |

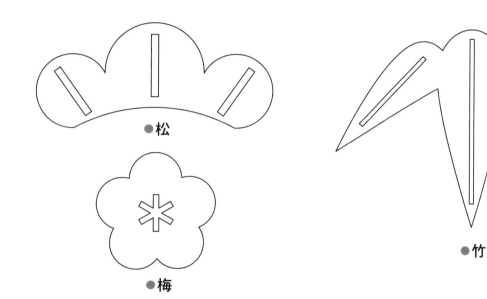

おめでとう
ございます

●文字

●葉

監修

小林 愛子(こばやし あいこ)
介護福祉士、介護予防指導士。有料老人ホーム(自立・混合型)勤務。「少しでも楽しんでもらいたい」をモットーに、高齢者の方とふれあう日々に充実感を覚えています。レクリエーションでは、指先のリハビリ効果はもちろんですが、完成したときの笑顔が何よりです。

姫野 順子(ひめの じゅんこ)
介護福祉士。特別養護老人ホーム、グループホーム、訪問介護を経て、現在は有料老人ホーム(介護専用型)勤務。
造形レクリエーションや季節感のある「しつらえ」などを通して、「五感に働きかけるケア」を大切にしています。

N.D.C.790　239p　26cm　　　　　介護ライブラリー

お年寄りの作って楽しむレクリエーション大百科

2017年2月9日　第1刷発行

監　修 ── 小林愛子　姫野順子
発行者 ── 鈴木　哲
発行所 ── 株式会社 講談社
　　　　〒112-8001　東京都文京区音羽2-12-21
　　　電話　出版　03-5395-3560
　　　　　　販売　03-5395-4415
　　　　　　業務　03-5395-3615

印刷所 ── 凸版印刷株式会社
製本所 ── 株式会社若林製本工場

定価はカバーに表示してあります。

落丁本・乱丁本は購入書店名を明記のうえ、小社業務あてにお送りください。送料小社負担にてお取り替えいたします。なお、この本についてのお問い合わせは、第一事業局企画部からだとこころ編集あてにお願いいたします。

本書のコピー、スキャン、デジタル化等の無断複製は著作権法上での例外を除き禁じられています。本書を代行業者等の第三者に依頼してスキャンやデジタル化することは、たとえ個人や家庭内の利用でも著作権法違反です。

複写を希望される場合は、日本複製権センター(電話03-3401-2382)の許諾を得てください。R〈日本複製権センター委託出版物〉

© Aiko Kobayashi, Junko Himeno 2017, Printed in Japan
ISBN978-4-06-282475-0

1〜3章
プラン・制作
あかま あきこ (P.28、P.46、P.68、P.86)
おおしだ いちこ (P.90、P.106、P.120、P.122、P.144、P.157、P.159、P.162)
おさだ のび子 (P.130、P.136、P.142、P.155、P.161)
佐藤 ゆみこ (P.34、P.58、P.62、P.82、P.98、P.108、P.126、P.138、P.148)
渡守武 裕子 (P.44、P.60、P.76、P.100、P.114)
町田 里美 (P.22、P.36、P.38、P.52、P.66、P.70、P.94、P.116、P.152、P.154、P.158)
宮地 明子 (P.30、P.50、P.78、P.92、P.102、P.124、P.128、P.132、P.134、P.140、P.146、P.153、P.156、P.160)
わたい しおり (P.26、P.42、P.54、P.74、P.84、P.110)

4章
制作・折り図：藤本 祐子
案：藤本 祐子 (P.164／おひなさま、P.170／きのこ、P.172／サンタクロース、P.174／富士山のメモ、P.178／三角キャッチ、P.183／リース、P.184／ユリ)
案：渡辺 眞寿美 (P.169／傘)
※上記以外は、伝承作品またはその応用です。

5章
ぬり絵イラスト・色見本着色
石川 由起枝 (P.186右上、P.187右上、P.187右上、P.188左上、P.188右上、P.189右上、P.190下、P.191左上、P.191右上、P.192左上)
杉原 知子 (P.186左上、P.186下、P.187下、P.188下、P.189右上、P.189下、P.190左上、P.190右上、P.191下、P.192右上、P.192下)

※スズランテープはシーアイ化成株式会社の登録商標です

カバー・本文デザイン：川内 栄子 (株式会社フレーズ)
本文DTP・型紙トレース：有限会社ゼスト
撮影：林 均
本文イラスト：シダ イチコ、杉原 知子、わたなべ ふみ
編集協力：株式会社スリーシーズン